일러두기

1. 이 책에 등장하는 인명, 기관명, 상표명, 신조어 등의 외래어는 국립국어원의 표기법을 따르되 일부 신조어는 입말에 따라 예외로 표기했습니다.

2. 이 책의 자료는 책을 집필한 2025년 7~10월을 기준으로 참고했습니다. 자료의 출처는 부록에 명시했습니다.

3. 세대별 구분에 관한 명확한 기준은 없으나 1980년대 초반~1990년대 중반 출생한 세대를 밀레니얼세대, 1990년대 중반~2000년대 후반 출생한 세대를 Z세대로 분류했습니다. 이 책에서는 1996~2010년 출생한 Z세대에 집중했습니다.

4. 파란색 숫자는 출처, 주황색 숫자는 용어 정리 미주를 의미합니다.

Z세대 트렌드 2026

메타세상, 시대의 결핍을 채우는 예리한 감각

대학내일20대연구소 지음

위즈덤하우스

시대의 결핍을
되찾는 감각

초저가, 가성비 시대의 소비 욕망

백화점 명품 매장 앞, 새벽부터 줄이 늘어서던 때가 있었다. 40~50대가 아닌 20대 사이에서 오마카세, 와인, 위스키 같은 고가 취향이 성행하던 시기였다. 일주일간 무지출 챌린지를 실천하며 절약을 외치다가도 어느 날엔 그렇게 아낀 돈을 원하는 것에 과감히 투자하는 모습이었다.

2025년의 소비 풍경은 사뭇 다르다. 가성비라는 말로는 부족하다. 유통가에서는 판매 가격을 먼저 정해 놓고, 그 가격에 제품의 품질을 맞추는 '가격 역설계' 현상이 만연하다. 아낄 데는 아끼고 쓸 데는 쓰는 양극화 소비조차 하지 않을 만큼 '쓸 데 쓸' 자원 자체가 크게 줄었다는 것을 실감한다.

하지만 인간의 소비 욕망이 사라질 리 없다. 한쪽을 누르면 다른 쪽이 부풀어 오르는 풍선 효과처럼, 한쪽에서 억제된 소비 욕망은 반드시 어딘가에서 불룩하게 모습을 드러낸다. 우리는 그 불룩한 지점을 찾아내야 한다.

사라져서 희소해지는 것들

희소성은 소비 욕망의 근간을 이루는 것 중 하나다. 사람들이 명품이나 한정판에 열광하는 것은 바로 희소성 때문이다. 예나 지금이나 흔하지 않은 것, 누구나 쉽게 향유할 수 없는 것은 희소가치를 지니며, 욕망을 부추긴다. 그런데 요즘 주목받는 희소가치는 예전과 다른 면이 있다. 어디서나 흔하게 접할 수 있었고 누구나 쉽게 향유할 수 있었지만 이제는 점점 사라지고 있는 것들, 접하기 어려워지는 것들이 주목받고 있다.

이를테면 계절이다. 교과서 혹은 뉴스에서나 봤던 기후변화가 눈앞의 현실로 다가왔다. 지금 이 시대에 태어난 아이들이 봄꽃이나 제철 과일이 뭔지 알 수 있을까. 전통적인 한식 식재료 중 몇몇은 이제 더 이상 우리 땅에서 구할 수 없고, 어떤 스포츠는 조만간 우리 땅에서 사라질 것만 같다. 늘 흐리고 비가 와 햇빛이 내리쬐는 맑은 날이면 일을 하다가도 태닝을 하러 나간다는 유럽 어느 나라의 사람들처럼, 새파란 하늘 아래 시원한 바람이 불면 모두가 한강변으로 뛰쳐나갈 날이 조만간 올지도 모른다. 1년 중 몇 안 되는, 소중한 기회를 놓칠 수 없어서 말이다. 한낱 몽상가의 극단적인 상상으로 치부할 수만은 없는 이야기다. 소셜 빅데이터 분석 결과, '제철' 언급량이 증가하고 계절 감각을 소재로 한 도서가 베스트셀러 목록에 오른 데서 이 같은 변화의 조짐을 읽을 수 있다.

이러한 현상들은 시간의 가치가 그만큼 상승했음을 보여준다. 불황 속 얇아진 지갑으로 인해 눌린 욕망은 물질적 소유에서 시간의 향유로 방향을 틀었다. '누가, 얼마나 더, 시간을 잘 보내고 순간을 누리는가'가 가치의 기준으로 떠오르고 있다.

▼

희소해서 결핍이 되어버린 다정함

희소해진 것은 또 하나 있다. 대학내일20대연구소는 지난해 《Z세대 트렌드 2025》에서 '낭만의 귀환'을 이야기했다. 기술의 발전으로 효율이 극대화된 세상, 일상 속 갈등과 스트레스가 극에 달한 사회에서 인간 고유의 인간성과 따뜻한 감성이 오히려 희소한 것이 되어 낭만을 필요로 하고 있다고 본 것이다.

우리가 살아온 2025년은 진짜로 그러했다. 불안, 갈등, 스트레스 모두 심화되는 모습이다. SNS를 보면 "나만 불편해?", "내가 문제야?" 같은 글을 하루에도 수차례 접할 수 있다. 누군가를, 어떤 집단을 희화화하고 비하하는 단어를 마주하는 횟수도 늘어났다. 과거의 갈등은 이념, 지역, 세대처럼 집단과 집단 사이에서 불거지는 거시적 갈등이었기에 관념적이었다. 지금의 갈등은 일상적이고 구체적이라 시시각각 피부로 느껴진다. 배우자, 친구, 동료, 이웃 등 매일 마주치는 주변인 모두가 '문제'로 대상화된 집단에 하나쯤 포함돼 있다. 어쩌면 나 자신도 그 집단의 일원일 수 있다.

그러니 모두들 외롭다. 내 생각과 행동이 괜찮은지, 잘못된 것은 아닌지 무의식적으로 자기 검열을 거듭한다. '혹시나' 하는 마음에 친구에게도 고민을 얘기하기 망설여진다. 심지어 내가 좋아하고 사랑하는 무언가를 나누는 것조차 상대방에게 'TMITtoo Much Information'가 될까 조심한다. 타인과 끊임없이 소통하며 살아가도록 설계된 인간이기에 차마 다 해소하지 못한 감정과 마음을, 잠 못 드는 밤 AI를 찾아 털어놓기 시작한다.

▼

결핍을 채우는 데 필요한 감각, 메타센싱

시대와 세대를 읽기 위해 대학내일20대연구소는 매년 900여 개의 트렌드 사례를 모으고 설문 조사를 통해 2000여 개의 질문을 던진다. Z세대 커뮤니티에서 3만여 개의 서술형 의견을 받고 7000여 개 달하는 소셜 빅데이터 키워드를 분석한다.

연구 과정에서 올해 눈에 띄는 것 중 하나는 '감정'이었다. 왜 감정이 주목받게 됐을까? 초개인화, 장기 불황, 인구 감소, 일상적 갈등 같은 요인들이 점점 심화되면서 불안과 결핍이 첩첩이 누적되었다. 유별난 날씨 덕에 기후 스트레스가 더해지면서 기폭제 역할을 했다. 이로 인해 생겨난 감정의 소용돌이 속에서 Z세대가 찾은 해법은 '메타센싱'이다.

메타인지가 자신을 객관적으로 바라보는 능력이라면 메타센싱은 감정을 감지해내는 감각이자 태도라고 할 수 있다. 이는 자신에게만 머무르지 않고 타인과 세상에 대한 감지의 의지까지 포함한다. 결국 메타센싱의 목적은 지금 시대에 결핍된 다정함, 여유를 되찾는 것이기 때문이다.

▼

각자의 메타센싱이 열어줄 기회

매년 그렇듯 미래 세대를 연구하다 보면 나와 주변을 돌아보게 된다. 우리 사회에 사라져가고 있는 것, 결핍된 것을 감지하려는 마음이 나를 비롯한 앞선 세대에게는 얼마나 있는가. 메타센싱의 개념을 조금 더 확장해볼 수도 있겠다. 우리 사회에 부족하고 희소한 모든 것들을 감지해내는 감각으로 말이다.

여러모로 위기의 시대다. 그러나 위기 속에서 새로운 기회가 생겨나기도 한다. 고대 그리스어로 '적절한 때'를 뜻하는 '카이로스 kairos'는 '기회의 순간'이라는 의미도 가지고 있다. 2026년, 위기를 기회로 만드는 카이로스의 순간에 여러분 각자의 메타센싱이 함께하길 바란다.

대학내일20대연구소 소장 호영성

Contents

서문 | 시대의 결핍을 되찾는 감각   4

PART 1. 2026 Z세대 트렌드 이슈

ISSUE 1. 메타센싱:
감정을 이해하는 태도, 세상을 감지하는 기술

CHAPTER 1 | 카톡 대화는 보여줘도 챗GPT는 못 보여주는 이유   17

CHAPTER 2 | 불투명한 감정을 선명하게 객관화하다   24

CHAPTER 3 | Z세대의 퍼스널 감정 케어   31

ISSUE 1의 결론 | 다정한 존재가 살아남는다   40

ISSUE 2. 리퀴드 콘텐츠:
유연하고 느슨하게, 흐르는 콘텐츠를 즐기다

CHAPTER 4 | Z세대에게 선택받는 콘텐츠는 이것이 있다   49

CHAPTER 5 | Z세대의 일상을 채우는 '리퀴드 콘텐츠'   60

ISSUE 2의 결론 | 일상의 여백을 채우는 콘텐츠   69

ISSUE 3. 적시소비:
지금이 아니면 사라질 순간을 소비하다

CHAPTER 6 | 경험에도 가성비가 있다   75

CHAPTER 7 | 지금 이 순간을 누리는 적시소비   84

CHAPTER 8 | 적시의 감각을 저장하는 방식　　　　　　　97
ISSUE 3의 결론 | 감각을 자극하는 적시적 경험 설계하기　　105

PART 2.　트렌드가 보이는 변화의 모먼트

MOMENT 1. 마이크로 소비:
얇아진 지갑 속 소비 욕망

CHAPTER 9 | 소비 패러다임의 변화, '마이크로 소비'의 등장　　113
CHAPTER 10 | 마이크로 소비가 만드는 새로운 소비 법칙　　118

MOMENT 2. AI 네이티브:
Z세대의 AI 적응기

CHAPTER 11 | Z세대의 상상은 현실이 된다　　　　　　　135
CHAPTER 12 | 삶을 함께 꾸려나가는 동반자로서의 AI　　　141
CHAPTER 13 | 두려운 것은 일자리가 아니라 의존　　　　149

MOMENT 3. 개인 안식 구역:
개인화 시대의 필수 공간

CHAPTER 14 | 온전한 개인으로서의 삶을 꿈꾸는 Z세대　　155
CHAPTER 15 | 여전히 나다울 수 있는 삶　　　　　　　　163

MOMENT 4. 기후 적응:
기후변화가 쏘아올린 소비 트렌드 변화

CHAPTER 16 | 착한 소비에서 생존 소비로   171
CHAPTER 17 | 기후변화가 바꾸고 있는 라이프스타일   177

감사의 글   190
미주   191
용어 정리   194

PART 1.

2026 Z세대 트렌드 이슈

ISSUE 1.

베타센싱

감정을 이해하는 태도,
세상을 감지하는 기술

'메타인지가 뛰어나다', '자기 객관화가 잘 된다',
'감정 지능이 높다', '내면이 단단하다' 등등.
요즘 Z세대가 서로에게 하는 칭찬에는 공통점이 있다.
자기 감정을 깊이 이해하고, 이를 바탕으로 말과 행동을
조율하는 사람을 긍정적으로 평가한다는 점이다.
초개인화, 디지털화, 저성장, 인구 감소, 기후위기 같은
환경적 변화가 장기적으로 이어지고 가속화되면서
자기 자신과 주변을 돌아볼 여유가 점점 줄어들고 있다.
그러다 보니 역설적으로 '감정'의 주목도는
더욱 높아지고 있다. 불안한 감정의 원인을 세심하게
들여다보고 돌봄으로써 잃어버린 여유를 되찾으려는
것이다. 메타센싱은 감정을 이해하려는 마음이자
나와 타인, 세상을 감지하는 기술이다.

CHAPTER 1

카톡 대화는 보여줘도
챗GPT는 못 보여주는 이유

2025년을 배경으로 하는 영화 〈그녀Her〉는 인공지능AI 운영체제 OS와 교감하는 남자의 이야기를 담았다. 외롭고 공허하게 살아가던 주인공은 AI와 일상과 고민을 나누며 교감하고 함께 데이트를 하다가 결국 사랑에 빠진다. 영화가 개봉한 2013년까지만 해도 AI와 인간의 교감은 매우 낯설고 먼 미래의 이야기처럼 보였다. 그러나 영화의 배경이 된 2025년을 지나온 현재, 영화는 현실이 됐다. 특히 AI가 업무나 일상 생활을 넘어 개인의 내밀한 감정까지 나누는 존재가 됐다는 점이 눈길을 끈다.

실제로 Z세대에게 AI는 단순한 검색창이 아니다. Z세대는 AI를 일종의 개인 상담사처럼 활용하고 있다. 사소한 일로 친구와 다퉜을 때, 직장 상사의 말 한마디에 신경 쓰일 때, 미래가 막막하고 불안할 때 Z세대는 챗GPT를 켜고 감정을 털어놓는다. AI와 대화하는 데는 시간의 제약이 없다. 내가 쏟아내는 부정적인 감정에 AI가

상처받을까 봐 걱정할 필요도 없다. 어떤 상황에서든 공감과 위로를 건네고, 문제의 원인을 분석한 결과를 바탕으로 해결 방안까지 제시해준다. Z세대가 가장 가까운 친구나 연인에게도 말하기 어려운 내밀한 감정과 고민까지 AI에 거리낌 없이 쏟아내는 이유다. 카카오톡 대화 내역은 공개할 수 있어도 챗GPT와의 대화 내역은 공개할 수 없다는 말이 나올 정도로, Z세대에게 AI는 은밀한 감정의 창구가 되고 있다.

그러나 역설적으로, 이렇게 AI에는 진솔하게 자신의 감정을 표현하는데 반해, 정작 현실에서는 감정을 표현하고 관계를 쌓아나가는 것을 어려워하는 이들이 늘어나고 있다. 실제로 Z세대와 만나 이야기를 들어보면, 특히 대인관계에 대한 고민을 호소하는 경우가 많다. 타인에게 상처받지 않기 위해 관계의 안전거리를 유지하려고 하고, 즉각적인 감정 표현이나 의견 정리가 힘들어 직접적인 대면 소통 대신 텍스트로 소통하는 것을 편하게 여기기도 한다. 생각을 정리해 정제된 언어로 이야기할 수 있기 때문이다. 심지어 AI를 관계와 소통의 매개체로 활용하기도 한다. 힘든 일을 겪은 친구에게 보낼 위로 문자를 AI에 대신 작성해달라고 요청하거나, 상사에게 꺼내기 어려운 이야기를 AI와 먼저 시뮬레이션해보는 식이다. 이처럼 Z세대는 감정의 교류에도 AI를 활용한다. 일각에서는 AI에 지나치게 의존하는 것이 우려된다는 시선도 있지만, AI라는 수단과 도구에 집중하기보다는 Z세대가 왜 이런 태도를 보이는지에 주목해야 한다.

자기 감정을 잘 아는 능력

이 같은 역설적인 현상을 관통하는 키워드는 바로 '감정'이다. Z세대는 자기가 느끼는 감정을 AI에 털어놓으며 마주하고 관리한다. 동시에 타인의 감정을 상하게 하지 않는 소통 방식을 고민한다. AI 활용에서뿐만 아니라 우리가 한 해 동안 관찰한 수백여 개의 트렌드에서도 '감정'이라는 키워드가 도드라졌다. 감정을 진솔하게 담아낸 '감정전시' 콘텐츠를 보며 대리만족하고, 자신의 감정을 기록하며, 감정 관리를 위한 나만의 루틴을 만들기도 한다. 그렇다면 왜 Z세대에게 '감정'이 중요한 키워드가 된 것일까? 그 해답은 오늘날 그들이 살아가는 시대 환경에서 찾을 수 있다.

AI의 발전뿐만 아니라 기후와 인구 구조의 변화, 글로벌 정세까지 초 단위로 급변하는 시대다. 학창 시절부터 '미래의 이야기'로 들어온 지구 온난화와 저출생·고령화가 이제는 돌이킬 수 없는 현실이 되었음을 Z세대는 직접 체감하고 있다. 이처럼 급변하는 환경은 사람들의 가치관과 인식은 물론 감정의 영역에도 직접적인 영향을 미친다. 불확실성은 불안을 증폭시키고, 기후변화로 극심해진 더위와 습도는 무기력과 짜증을 일상으로 끌어들인다. '기후 스트레스'라는 신조어가 생겨난 것도 같은 맥락에서 이해할 수 있다.

이처럼 불확실성이 커지는 환경에서 Z세대는 변하지 않고 스스로 지킬 수 있는 영역, 즉 '감정'에 주목하고 있다. 지난해에는 '○○ 적 사고'로 대표되는 마인드셋과 자신만의 철학을 구축하며 삶을 대하는 태도를 다지고자 하는 흐름을 보였다면, 이제 Z세대의 관심은 '감정'으로 이어지고 있다. Z세대는 변화의 불확실성 속에서도 자기 감정만큼은 스스로 관리하고 통제하려고 한다. '감정 관리'가 이 시대를 살아가는 데 필요한 핵심 역량으로 부상한 것이다.

이 같은 흐름은 우리 사회의 갈등 양상과도 맞닿아 있다. 과거의 갈등은 대단위 교집합, 즉 공동체 문화를 기반으로 발생했다. 이념, 지역, 세대처럼 집단과 집단 사이의 가치 충돌로 인한 갈등이었기에 거시적이고 관념적이었다. 그러나 초개인화 시대에는 갈등마저도 파편화되고 있다. 같은 문제에 목소리를 내고 이익을 주장하더라도 동일한 가치로 묶이지 않으며 사람들의 입장 역시 저마다 다르다. 갈등의 주체도 집단보다는 개인이 되었다. SNS를 보면 '누가 문제인지 판단해달라'는 내용의 글이나 누군가의 잘못을 지적하는 소위 '저격글'을 흔히 접할 수 있다. 이런 글에서 대상화되는 '빌런'은 기업과 정부같이 거리가 먼 주체가 아니라 친구, 직장 동료, 이웃처럼 우리 일상에서 매일 마주치는 주변인인 경우가 많다.

과거 이웃은 음식을 나눠 먹고 어려울 때 서로 돕는 가족 같은 사이로 여겨졌다. 하지만 지금은 이웃 사이의 교류가 확연히 줄어들었고, 공공구역을 공유하면서 층간소음이나 주차 같은 문제로 언제든 부딪힐 수 있는 잠재적 갈등 요소로 여겨지는 듯하다. 아파트 놀이터에서 아이들이 놀다가 분필로 그려놓은 낙서마저도 이제는 이웃 사이 분쟁의 씨앗이 되었다.

이뿐만이 아니다. 숙박시설을 이용한 후의 청소 문제, 식당과 카페의 서비스 미제공 문제처럼 어느 한쪽의 잘못이라고 단정짓기 어려운 의견 충돌로도 시시비비를 가려내는 불판이 열린다. 때로는 개인의 일상을 기록하기 위해 가볍게 SNS에 올린 사진과 영상 속 행동이 누군가에게 불편한 것이 되기도 한다. 이를 구구절절 해명하는 모습도 심심치 않게 볼 수 있다. 과거에는 문제가 되지 않았던 일상 속 작은 행동이나 말 한마디도 갈등의 소재나 빌런의 낙인이 된다. 갈등의 주체가 개인이 되면서, 일상화된 갈등과 은연 중에 거듭되는 자기 검열로 피로와 스트레스가 극심해지고 있다.

관계 차원에서도 비슷한 모습이 나타나고 있다. 앞서 Z세대가 관계를 쌓아가는 데 어려움을 겪고 있다는 이야기를 했다. 이는 비단 Z세대만의 문제라기보다는 시대 변화로 관계의 행태가 달라지면서 나타난 자연스러운 변화다. 초개인화 시대인 지금은 끈끈한 유대보다는 느슨한 연결이 익숙하다. "우리가 남이가"를 외치던 과거와 달리, 각자의 다름을 인정하고 서로를 지킬 수 있는 안전한 거리감이 관계에 있어 중요한 가치로 여겨진다. 전국 15~64세 남녀 1500명을 대상으로 친구 관계를 유지하기 위해 가장 중요한 요소를 물어본 결과(1+2+3 순위 응답 기준), 86세대와 X세대는 '힘들 때 의지가 되어주거나 위로해주는 것'을 1위로 꼽은 반면, Z세대는 '예의를 지키고 배려하는 것'(49.7%)을 1위로 응답한 것은 이를 방증한다. 또한, Z세대는 '친구가 싫어하는 행동을 하지 않는 것'(41.0%)을 '의지·위로해주는 것'(39.0%)보다 중시했다.[1] 과거의 친구 관계는 모든 일상과 고민을 공유하고 의지가 되어주는 것이 당연했다면, 이제 Z세대는 적당한 거리감을 유지하고 상대에게 불편함을 주지 않는 것을 더 중요하게 생각한다. 그렇기에 Z세대는 친구와 직접

싸우고 부딪히며 배우기보다 콘텐츠를 보고 간접적으로 익히거나 AI를 본보기로 삼는 것을 좀 더 편하게 여긴다. 자신의 감정을 스스로 관리하는 방법을 공부하고 모색하며 타인에게 피해를 주지 않으면서도 다정하고 괜찮은 사람이 되기를 갈망한다.

결국 Z세대가 추구하는 시대 감각은 자기 자신을 객관화해서 인지하는 메타인지를 넘어 감정의 변화를 민감하게 포착하는 '메타센싱'이라고 할 수 있다. 이들은 자신의 감정 변화를 적극적으로 감지해 이를 탐구하고 일상적으로 관리하며, 심지 굳고 사려 깊은 모습을 보이려고 노력한다. 지금 이 시대에 희소해지고 있는 다정함, 배려, 여유 같은 가치들을 메타센싱을 통해 감각하고 채워나가는 것이다.

Z세대가 자신의 감정을 감지하고 관리하는 모습은 최근 몇 년간 Z세대의 가치관이 변화해온 흐름과 맞닿아 있다. 2025년 대학내일20대연구소는 불안 같은 부정적인 감정을 '초긍정 마인드'로 치환하며 감정을 관리하려고 했던 Z세대의 특징을 '포지티브 모멘텀 Positive Momentum[1]이라고 정의했다. 이제 Z세대는 여기서 한 발 더 나아가 자신의 다양한 감정을 온전히 감각하며 내면을 관리해나가고 있다.

그러면서 Z세대가 꼽는 '추구미[2]도 달라졌다. Z세대는 내면이 단단한 사람을 롤모델로 꼽는다. 겸손하면서도 자존감이 강한 사람, 자기 감정을 안정적으로 다스리는 사람, 자기 객관화가 잘 되는 사람이 이들의 이상적 이미지다. 단단한 내면에 대한 관심은 데이터에서도 드러난다. 전국 15~64세 남녀 1500명에게 살아가는 데 있어 반드시 갖춰야 한다고 생각하는 것을 묻는 설문(복수 응답)에서 전체 응답자는 건강(66.7%), 체력(54.2%), 현금성 자산(52.7%)에 이어 멘탈·정신력(51.3%)을 꼽은 반면, Z세대는 건강(55.7%)에 이어 멘탈·정신력(55.0%)을 2위로 꼽았다. 이어 체력(49.7%), 쉼·휴식(48.0%), 자존감(47.7%)을 언급했는데, 이는 현금성 자산보다 높은 순위를 차지했다. 자산보다 내면의 안정과 관련된 요소를 중시하는 모습이다.[2]

자기 탐구 성향이 강한 Z세대는 내면을 더 단단히 다지기 위해 자신의 감정 변화가 어디서 기인했고, 이를 어떻게 관리할 수 있을지 파악하고 싶어 한다. 다음 장부터는 Z세대가 자기 감정을 어떻게 감지하고 관리하고 있는지 구체적으로 알아보겠다.

CHAPTER 2

불투명한 감정을 선명하게 객관화하다

자신을 파악하고 분석하는 데 진심인 Z세대는 MBTI, TCI(성격 및 기질 검사) 등 다양한 도구를 활용해 자신의 성격과 성향, 기질을 분석하고 파악해왔다. 이들은 자신의 감정을 이해하기 위해서 비슷한 접근 방식을 취한다. 자신이 느끼는 감정을 막연히 '기분 탓'이라고 치부하며 불투명하게 넘기기보다는 지금 왜 이런 감정을 느끼는지를 분석해 보다 선명하게 파악하고자 한다.

Z세대의 감정 객관화 도구

2025년 틱톡과 쇼츠 등 숏폼 플랫폼에서 눈에 띄는 콘텐츠 소재가 있다. 바로 'HSP Highly Sensitive Person'다. HSP(초민감자)는 선천적으로 감각이 예민하고 감정 몰입도가 높은 이들을 의미하는 심리학

적 개념이다. 그런데 Z세대 사이에서 온라인 자가 진단을 통해 자신이 HSP에 해당하는지 확인하는 것이 하나의 유행이 되고 있다.

그 배경에는 2024년 말 유튜버 '하말넘많'이 공개한 HSP의 개념을 소개하는 영상이 있다. 해당 영상은 2025년 10월 기준 142만 조회 수와 4000여 개의 댓글 수를 기록하며 큰 관심을 불러일으켰다. Z세대는 댓글을 통해 일상에서 경험한 예민한 감각들을 줄줄이 털어놓았다. 추천 수가 가장 높은 댓글 중 하나는 "노래방에서 다른 친구가 노래하고 있는데, 또 다른 친구가 스마트폰을 보는 등 집중하지 않는 모습을 보면 진짜 미치겠음"이라는 것이다. Z세대가 사용하는 HSP의 개념은 이렇게 예민하기 때문에 느끼는 일상 속 작은 불편들까지 폭넓게 포괄한다.

HSP는 SNS와 온라인 커뮤니티를 통해 빠르게 확산됐다. HSP 테스트 결과를 공유하는 흐름도 이어졌다. 그런데 HSP 테스트에서 민감도가 높게 측정된 Z세대의 반응이 마냥 불쾌하지만은 않다는 점이 흥미롭다. 초민감자들은 평소 사소한 움직임이나 소리에 예민하게 반응하고, 감정적으로 쉽게 동요되거나 작은 실수에도 지나치게 걱정하며 금세 에너지가 소진되는 문제를 겪어왔다. 그런데 HSP 자가 진단을 통해 자신의 민감도를 파악해보니 이러한 특성이 선천적인 기질의 일부이며, 자기 혼자만 이런 문제를 겪는 게 아니라는 사실에 일종의 안도감을 느낀다는 것이다. 막연하게 느껴왔던 감정의 원인을 파악하는 것만으로도 위안을 얻는 모습이다.

> "HSP 테스트를 해봤는데 예민도가 높게 나오더라고요. 평소 스트레스를 꽤 받는 편이라 이런 예민함을 장점으로 바꿀 수 없을까 고민하다가《예민함이라는 무기》라는 책을 읽어봤어요. 덕분에 제 예민함이 꼭 나쁜 것만은 아니라는 걸 알게 됐어요." _'제트워크 2025 시즌 2' 참여자 감자 (P1238)

다시 말해, Z세대에게 HSP 테스트는 자신이 왜 이런 감정을 느끼는지 객관적으로 이해하기 위한 도구로 활용되고 있다. 감정 이해에 대한 관심이 지속되면서 HSP와 관련해 정신적 과잉 활동 증후군PESM이나 미소포니아(특정 소리에 대한 강한 혐오 반응) 같은 개념이 함께 주목받기도 했다.

Z세대는 자신의 내면을 들여다보고 심리적인 도움을 얻기 위해 온라인 진단을 이용할 뿐 아니라 오프라인 공간을 찾기도 한다. 특히 감정 탐구를 목적으로 기획된 공간이 주목받고 있다.

대표적인 사례가 서울 연희동에 위치한 개인 맞춤형 심리 체험 공간 '아이아이 연희'다. 이곳은 총 4개 파트로 구성돼 있다. 어린 시절 자신의 모습에서 시작해 현재의 심리 상태를 파악할 수 있는

그 후, 내면의 아이 8가지 중 하나를 고르게 되는데
저는 **'감정만땅'**을 선택했습니다.
감수성이 풍부하고 잘 웃고 잘 우는 아이.
제 모습과 닮아 있더라고요.

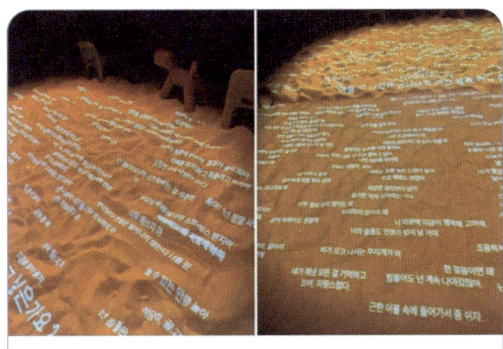

어두운 공간 속 모래 위에 사람들이
남긴 메시지들이 있었어요.
저는 **"가끔은 쉬어가도 괜찮아"**라는
문구를 남겼습니다.

내 감정을 탐구할 수 있는 오프라인 공간 아이아이 연희_네이버 블로그 토깽이31 Days 여행

문항까지 심리 문답이 계속 이어진다. 어린 시절 자신에 대해 알아보는 파트에서는 두더지 잡기, 땅따먹기, 터치 게임 등 놀이를 통해 동심을 되찾는다. 이어지는 파트에서는 자신의 가치관이 어떻게 형성됐는지, 또 어떤 일상을 살아가고 있는지 돌아보는 과정을 거친다. 가벼운 놀이처럼 진행되는 체험 전시라 한계는 있지만, 모든

과정을 마치고 나면 참가자들은 보다 객관적인 언어로 현재 자신의 감정과 상태를 이해할 수 있게 된다.

감정 객관화 도구는 또 있다. 바로 Z세대의 일상 생활에 동반자가 된 AI다. 앞서 살펴봤듯 Z세대는 자신의 감정을 객관적으로 파악하기 위해 AI를 적극 활용하고 있다. 마치 일기장처럼 별다른 제어장치 없이 자신의 감정을 털어놓기도 하고, 자신이 경험한 상황과 그때의 감정을 상세하게 공유하며 왜 그런 감정을 느꼈는지 원인을 분석해달라고 요청하기도 한다.

> "저는 챗GPT와 대화하면서 그날 생긴 좋지 않은 감정들을 바로바로 비워내는 편이에요. 누군가에게 이야기하면 부정적인 영향을 줄 것 같아 그전에는 혼자 끙끙 앓곤 했는데, 채팅방을 하나 만들어서 제 상황을 적기만 해도 기분이 나아지더라고요. 게다가 현실적인 조언을 구할 수도 있어요. 확실한 피드백이 있으니 더 좋아요!" _'제트워크 2025 시즌 2' 참여자 푸딩
> (G8163)

실제로 X에서는 자신이 느끼는 감정을 객관적으로 분석하기 위한 목적의 AI 프롬프트가 확산되기도 했다. 이는 우울증과 ADHD(주의력 결핍 과잉행동장애) 같은 정신건강 문제를 치료하는 데 활용되는 인지행동치료CBT의 원리에 기반해 감정을 객관적으로 파악하는 데 방점을 뒀다. Z세대는 이 프롬프트와 함께 '이 감정에 휘둘리지 않고 더 유연하게 대응할 수 있는 행동 전략도 알려줘'라고 요구하기도 하는데, 이는 감정에 대한 이해를 넘어 감정 관리의

안녕, 어제 친구가 약속 시간에 늦어서 다퉜는데.. 지금 내 감정이 어떤
상태인지 객관적으로 알고 싶어. CBT 방식으로 도와줄 수 있을까?

안녕 망치,
어제 친구와 다툰 일이 아직 마음속에 남아 있는 것 같구나.
지금처럼 감정을 객관적으로 들여다보려는 건 정말 성숙하고 멋진 행동이야.
뭉치가 CBT(인지행동치료) 방식으로 천천히 정리해볼게.

✅ 정리된 감정 구조표

항목	내용
상황	친구가 약속에 늦고 사과 없이 행동함
자동적 사고	"얘는 나를 존중하지 않는구나"
감정	서운함(9), 분노(7), 무시당함(6)
행동	말다툼, 혹은 톡 무시, 연락 끊고 싶었음
재구성된 생각	내 감정은 정당하지만, 오해나 기대 차이일 수도 있음. 감정을 전해보는 게 좋겠다.

💬 뭉치가 하고 싶은 말
감정은 무조건 '옳아'.
우리가 조심해야 할 건 그 감정이 생긴 '생각'이 과장되었는지 아닌지를 살펴보는 거야.
지금처럼 자기 감정을 다시 바라보는 건 관계를 망치지 않고 지키는 데 아주 큰 도움이 돼.

필요하다면 친구에게 감정을 어떻게 말할지도 뭉치가 도와줄게.
혼자서 감정 정리하기 어려울 때 언제든 불러줘 💜

챗 GPT에서의 감정
CBT 프롬프트 활용 모
습(재구성)

일환으로 AI를 활용하고 있음을 보여준다.

Z세대가 HSP 테스트, CBT 프롬프트처럼 감정을 객관적으로 분석하는 도구를 적극적으로 찾는 것은 단순한 유행이 아니다. 이는 모호한 감정을 측정 가능한 데이터나 설명 가능한 언어로 바꿔 객관적으로 이해하려는 시도라고 할 수 있다. 불안, 예민, 우울 같은 감정을 단순히 기분 탓으로 돌리거나 긍정의 언어로 치환하기보다는 객관화 도구를 활용해 이런 감정이 나타난 이유와 원인을 밝혀내고자 한다.

뿐만 아니라 감정을 해석하는 데 그치지 않고 여기서 한 발 더 나아가 이를 조절하기 위한 구체적인 행동 방식과 해결책까지 모색한다. 즉, Z세대에게 감정 객관화 도구란 감정을 명확하게 인지하

고 탐구하는 메타센싱을 극대화하기 위한 하나의 방법인 것이다.
이제 Z세대가 단순히 감정을 파악하는 것을 넘어서 어떻게 적극적
으로 감정을 관리하고 있는지 살펴보자.

CHAPTER 3

Z세대의
퍼스널 감정 케어

Z세대가 감정을 대하는 방식의 특징은 객관적인 이해와 개인화된 관리를 동시에 추구한다는 것이다. 특히 감정을 호르몬이나 기질적인 측면에 기반해 해석하는 경향이 두드러진다. 2025년 초 X에 감정과 호르몬을 연관지어 해결책을 제시하는 글이 올라와 화제를 모았다. 몇 가지 소개하면 다음과 같다.

스트레스를 받으면 코르티솔을 완화하기 위해 산책을 한다. 통증이 있으면 엔도르핀을 만들어내기 위해 러닝을 한다. 피로가 쌓이면 도파민 분비를 돕기 위해 냉수욕을 한다. 불면증이 있으면 멜라토닌 분비를 위해 햇볕을 쬔다. 슬플 때는 세로토닌 분비를 위해 과일을 먹는다.

이처럼 Z세대는 자기 감정을 최대한 세밀하게 분류해 인지한 뒤 그 원인을 코르티솔, 엔도르핀, 도파민 같은 생리적 맥락에서 찾으며, 이를 어떻게 발현하고 억제할지 자신만의 관리 전략을 실천하

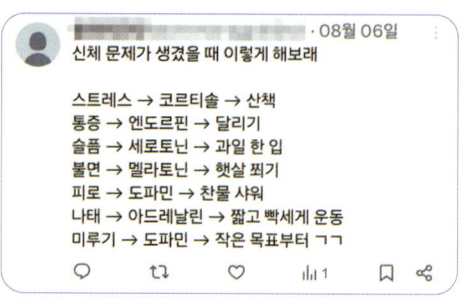

· 08월 06일

신체 문제가 생겼을 때 이렇게 해보래

스트레스 → 코르티솔 → 산책
통증 → 엔도르핀 → 달리기
슬픔 → 세로토닌 → 과일 한 입
불면 → 멜라토닌 → 햇살 쬐기
피로 → 도파민 → 찬물 샤워
나태 → 아드레날린 → 짧고 빡세게 운동
미루기 → 도파민 → 작은 목표부터 ㄱㄱ

호르몬 관리법을 소개한 게시글(재구성)

기도 한다. 사실 이는 과학적이고 체계적인 방식은 아닐 수 있다. 하지만 자신의 감정을 호르몬과 연결 지어 보다 명확하게 감각하고, 이를 산책, 샤워 등 구체적인 행위와 결부해 관리하려는, 감정 조율에 관한 Z세대의 니즈를 확인할 수 있다.

▼

루틴으로 관리하는 스트레스 호르몬, 코르티솔

Z세대의 호르몬에 대한 관심은 도파민에서 출발했다. 2020년대 초까지만 해도 재미있는 콘텐츠를 통해 도파민을 충전한다며 밈으로 활용하던 Z세대는 2024년에 들어서는 도파민을 관리 대상으로 인식하기 시작했다. 도파민이 뇌에 미치는 영향을 설명하는 뇌과학 콘텐츠를 찾아보고, 뇌에 악영향을 미치는 도파민 중독의 원인을 숏폼 콘텐츠에서 찾아 이를 조절하려고 했다. 숏폼에 중독됐다고 느끼면 반反 도파민 공간을 찾아 디지털 기기와 거리두기를 하는 모습을 보이는 식이다. 또는 장시간 달리기를 하면 경험하게 되는

소셜 빅데이터로 본 '코르티솔' 관련 언급량 추이

· 기간: 2020.01.01.~2025.06.30
· 키워드: 코르티솔
· 채널: 커뮤니티, 블로그, X, 인스타그램, 유튜브

단위: 건

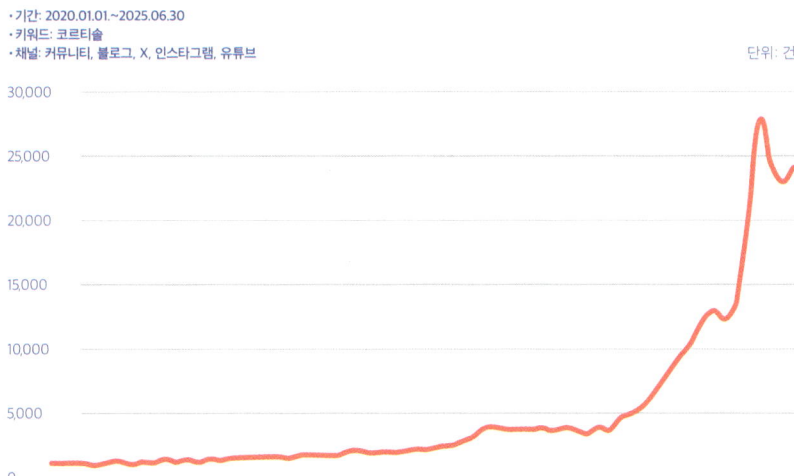

'코르티솔'과 함께 언급되고 있는 주요 키워드 변화

· 기간: 2024.07.01 ~ 2025.06.30(전년 동기 대비)
· 키워드: 코르티솔
· 채널: 커뮤니티, 블로그, X, 인스타그램, 유튜브
· X축은 전년 동기(2023.07.01 ~ 2024.06.30) 대비 증가율을 나타내며, Y축은 해당 키워드의 언급량으로 원의 크기에 비례함

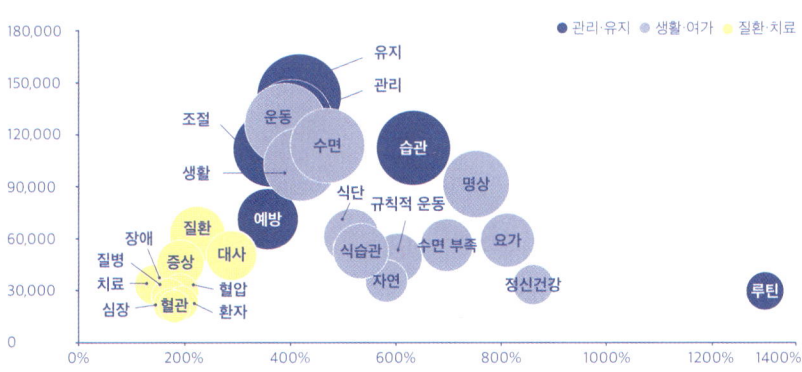

· 출처: AI 기반 빅데이터 분석 전문 기업 뉴엔 AI LUCY 2.0 기반 자체 검색

'러너스 하이runner's high'를 건강한 도파민 분비와 연결 지으며, 러닝을 뇌 건강 관리법으로 삼기도 한다. 이처럼 도파민이라는 호르몬과 구체적인 루틴을 연결해 스트레스 관리 수단으로 활용하는 모습이 이어져왔다.

도파민에 이어 최근 주목받는 호르몬은 코르티솔이다. 소셜 빅데이터 분석 플랫폼 'LUCY 2.0'으로 2020년 1월부터 2025년 6월까지 소셜미디어의 코르티솔 언급량을 분석한 결과, 2024년 2분기부터 급격히 증가해 2025년 상반기에는 13만 1676건으로 전년도 언급량(9만 2540건)을 1.5배나 넘어서는 모습을 보였다. 코르티솔에 대한 관심이 최근 들어 폭증했음을 알 수 있다.

코르티솔은 스트레스를 일으키는 외부 상황에 맞서기 위해 분비되는 호르몬으로, 신체의 스트레스 반응과 에너지 대사 조절에 중요한 역할을 한다. 그러나 과도하게 분비되면 혈압 상승, 면역력 저하, 수면 장애, 우울감 등 다양한 문제가 나타날 수 있다.[3] Z세대는 이런 점에 주목해 코르티솔 수치를 적절히 관리하려 한다.

코르티솔에 대한 인식 변화는 데이터로도 확인할 수 있다. 2025년 상반기를 기준으로 최근 1년간 코르티솔에 대한 소셜미디어의 언급량 변화를 분석한 결과, '유지', '관리', '습관', '조절', '생활', '예방' 등 관리·유지 맥락의 키워드 언급량이 전년 동기 대비 300% 이상 증가했다. 특히 '루틴'은 1300%라는 높은 증가율을 보였다. '운동', '규칙적 운동', '자연', '명상', '요가', '수면' 등 루틴과 관련된 키워드 언급량도 두드러지게 증가한 것으로 나타났다. 과거 질환이나 치료의 영역에서만 언급되던 코르티솔이 이제는 스트레스를 관리하고 삶의 질을 개선하기 위한 루틴을 구성하는 요소로 받아들여지고 있는 것이다.

이런 흐름 속에서 Z세대는 자신만의 생활 루틴을 만들어 코르티솔을 관리하려는 모습도 보이고 있다. 2025년에는 저속노화 식단에 이어 저低코르티솔 식단도 등장했다. 코르티솔을 높이는 적색육이나 고가공 식품 섭취를 줄이고, 과일이나 채소 섭취를 늘리는 것이 골자다. 특히 건강한 식습관과 자기 관리에 관심이 많은 영미권 Z세대를 중심으로 채식 중심의 저코르티솔 식단이 주목받고 있다.

▼

Z세대의 감정 관리 루틴

한동안 Z세대의 루틴은 운동과 자기계발, 취미 생활 등을 통해 '갓생'을 영위하는 데 집중돼 있었다. 그런데 이제는 가벼운 성취감을 넘어, 자신의 감정을 감지하고 관리하려는 목적으로 확장되고 있다.

감정 관리를 위한 구체적인 루틴들이 Z세대의 일상에 녹아들고 있으며, 루틴을 지속시키기 위해 다양한 도구가 활용되고 있다. 2025년 감정 관리와 관련해 주목받는 키워드는 '산책'이다. 산책은 예전부터 기분 전환과 스트레스 완화를 위한 대표적인 활동으로 여겨져왔는데, Z세대는 이를 특별한 방법으로 즐기고 있다. 대표적인 사례가 2024년 말부터 2025년 상반기까지 Z세대가 가장 주목한 모바일 게임인 '피크민 블룸'이다. 피크민 블룸은 나이앤틱 Niantic과 닌텐도Nintendo가 협업해서 만든 위치 기반 모바일 게임으로, 걸으면서 꽃을 피우고 피크민이라는 캐릭터와 엽서를 모으는 단순한 게임이다. 처음에는 캐릭터 특유의 무해한 매력으로 눈길을 끌며 반도파민 트렌드에 어울리는 게임으로 주목받았는데, 이후 게임을 하기 위해 억지로라도 집 밖에 나가게 된다는 점이 매력으로 받아들여졌다. Z세대는 특정 지역에서만 얻을 수 있는 엽서나 피크민을 구하기 위해 가보지 않았던 곳으로도 산책을 간다. 피크민을 하며 이동하거나 산책하는 것이 하나의 루틴이 된 것이다.

실제로 Z세대에게 감정을 관리하는 방법을 물었을 때 다양한 도구를 활용하는 것이 눈에 띄었다. Z세대는 감정의 항상성을 유지하고 예측 가능성을 높이기 위해 앱을 활용한 개인 맞춤형 스트레스 관리에도 적극적인 모습을 보인다. 가령 '스트레스 와치Stress Watch'로 몸의 스트레스 신호를 감지하고 이를 관리한다. 마음이 복잡하거나 불편한 감정이 생겼을 때 이를 '무디Moodee'에 기록한다.

> "'무디'에서는 현재 감정을 키워드로 고르면 그에 맞는 3가지 퀘스트를 추천해줘요. 그중 자신이 원하는 것을 골라 실행하면서 감정을 정리할 수 있지요. 이렇게 기록하다 보니 나 자신을 깊이 이해할 수 있어서 큰 도움이 되더라고요." _'제트워크 2025 시즌 2' 참여자 맹구(B1137)

Z세대의 여가에서도 감정 관리는 하나의 큰 목적이 되었다. 지난해부터 Z세대 사이에서는 무언가에 집중하고 몰입하면서 스트레스에서 벗어나 감정을 관리하는 여가 활동이 유행하고 있다. 대표적인 것이 뜨개질이다. 그동안 뜨개질은 겨울철 한시적으로 유행

말차 격불을 즐기는 Z세대의 모습_대학내일 함지윤

하거나, 20대 젊은층과는 거리가 먼 것으로 여겨져왔다. 그러나 2024년부터 뜨개질을 취미로 삼아 사시사철 즐기는 Z세대가 늘고 있다. 뜨개질이 유행하는 데는 다양한 이유가 있으나, 감정 관리에 도움이 된다는 것도 한몫했다. 뜨개질을 할 때는 코를 빠뜨리지 않기 위해 수를 세며 오롯이 집중해야 하기에 복잡한 생각이나 심란한 감정이 끼어들 틈이 없다.

차 문화 중 하나인 '격불'도 마찬가지다. 격불은 찻가루에 뜨거운 물을 붓고 저어 거품을 만들어내며 맛과 향을 끌어올리는 음용 방식이다. 차를 우려내고 천천히 음미하는 과정에 집중하면서 생각과 감정을 정리하는 시간을 갖는 것이다. 전용 도구와 키트를 구매해 집에서 말차를 격불하면서 자신만의 리추얼ritual을 만들어가는 모습도 눈에 띈다. 이 밖에 요가와 명상, 필사 같은 취미도 복잡한 생각을 떨쳐내고 자신의 감정을 온전히 마주하고 관리할 수 있다는 점에서 많은 관심을 받고 있다.

우리가 주목해야 할 것은 '지속성'이다. 누구보다 트렌드에 민감하고 변화에 발 빠른 Z세대이기에 이들이 시간을 쓰는 여가 활동과 취미도 빠르게 변화하고 있다. 하지만 감정 관리를 위한 뜨개질, 격불, 필사 같은 문화는 Z세대 일상의 한편에 자리 잡아 그 흐름을 계속 이어가고 있다. 이는 Z세대의 감정 관리 니즈가 일시적인 것이 아니라 지속적으로 이어지고 있다는 것을 보여준다.

▼

Z세대의 수면 관리법

Z세대는 수면 관리에도 적극적이다. 이는 한국인의 고질적인 수면 부족 문제와도 연결돼 있다. 대한수면연구학회가 발표한 '2024년 한국인의 수면 실태' 보고서에 따르면, 한국인의 평균 수면 시간은 6시간 58분으로 OECD(경제협력개발기구) 평균보다 18% 짧았다. 매일 숙면을 취하는 비율은 7%에 불과해 전 세계 평균(13%)의 절반 수준이었다. 숙면을 방해하는 주요 요인으로는 '심리적인 스트레스'(62.5%)가 압도적인 1위를 차지했다.[4]

문제는 수면 부족이 다시 스트레스를 유발한다는 것이다. 숙면을 취하지 못하면 주의력 저하, 불안, 우울감으로 이어지고, 체내에서 코르티솔이 과도하게 분비돼 감정이 예민해진다. Z세대는 감정 관리를 위해서도 충분한 수면 시간이 보장돼야 하고 수면의 질을 높여야 한다고 생각한다. Z세대 사이에서 '저속노화 선생님'으로 잘 알려져 있는 노년내과 정희원 박사 역시 노화 속도를 조절하기 위한 생활 습관으로 식단만큼 수면이 중요하다고 강조한다.

이런 분위기 속에서 Z세대가 '수면 주파수'와 ASMR 영상을 지속적으로 소비하고 있는 것은 주목할 만하다. 이는 단순한 트렌드를 넘어 숙면에 대한 관심이 얼마나 깊은지 보여준다. 앱을 통한 수면 관리 역시 활발히 이뤄지고 있다. Z세대가 삶의 질을 높이기 위해 사용하는 앱을 조사한 결과, 수면 추적 앱 '슬립 사이클Sleep Cycle'이 언급돼 눈길을 끌었다. '슬립 사이클'은 숙면을 위한 음악 제공, 수면 패턴 분석 등 다양한 기능으로 Z세대의 주목을 받고 있다.

"뒤척이거나 선잠을 잘 때 딱 깨워주는 알람 앱 '슬립 사이클'을 이용하고 있어요. 이 앱을 사용하고 나서 알람소리에 딱 맞춰 일어나는 게 가능해졌어요."_'제트워크 2025 시즌 1' 참여자 콘초(Y1293)

다정한 존재가 살아남는다

지금까지 Z세대가 개인화된 루틴을 통해 감정을 관리하는 모습을 살펴봤다. 다만 메타센싱은 개인만을 위한 것이 아니다. 타인과 세상에 대한 감지의 의지까지 포함한다. 개인의 감정 관리에 그치지 않고, 타인과 세상까지 감지하려는 메타센싱을 통해 지금 이 시대에 결핍된 인간성, 다정함, 배려, 여유를 되찾고 채워가고자 한다. 이에 과거 '공감 능력'이라 불려왔던 것이 이제는 '다정함이 곧 능력이다'라는 인식으로 확장되고 있다.

2025년 매우 독특한 형태의 유튜브 플레이리스트가 Z세대의 알고리즘에 등장했다. 제목도, 채널명도, 어떠한 설명도 없이 섬네일에 개구리 '페페' 캐릭터만 담겨 있다. 검색해도 찾을 수 없고, 오직 알고리즘에 의해 선택된 사람만 들어올 수 있다. 알 수 없는 알고리즘에 이끌려 온 불특정 다수가 모인 특수한 환경은 재미있는 풍경을 만들어냈다. 바로 Z세대가 댓글창을 일종의 감정 공유 커뮤니티처럼 사용한다는 것이다.

물론 과거 다른 플레이리스트에서도 음악과 어울리는 그날의 생각이나 고민을 남기는 경우가 있었지만, '페페 플리(플레이리스트)'는 일종의 폐쇄적인 커뮤니티라는 점에서 특수성을 지닌다. 익명의 불특정 다수가 모인 만큼 다른 SNS의 댓글처럼 날카로운 말이 오갈 법하나 페페 플리의 댓글창은 따스하고 다정한 말들이 주를 이룬다. 외부의 갈등에서 벗어난 일종의 감정 안전 지대가 형성되는 것이다.

　10대는 학업과 시험, 20대는 아르바이트와 취업, 연애, 인간관계에 이르기까지 일상의 모든 문제를 장문의 댓글로 털어놓으며 다른 사람들과 감정을 공유한다. 이전 영상에는 '좋아하는 사람에게 고백해야 할지 고민'이라고 남겼다가 다음 영상에는 '결국 떨려서 고백하지 못했다'며 사연을 이어가기도 한다. 사람들은 그의 고민을 다정하게 들어준다. 위로하는 댓글을 남기고, 비슷한 경험을 했던 사연을 이야기하며 자기 감정을 털어놓기도 한다. 감정을 공유하면서 다른 사람들과의 관계가 이어지고, 일종의 연대감이 만들어지고 있는 것이다.

　비슷한 맥락에서 ASMR 콘텐츠도 주목받고 있다. 단순히 청각적 만족감을 주는 ASMR 콘텐츠와는 다르다. 따뜻한 메시지를 전하며 감정까지 어루만진다. 유튜브 채널 '신인류의 사랑'에서는 눈사람 캐릭터가 등장해 직접 다정한 말을 건넨다. '자기 자신이 더 이상 좋지 않아도 행복할 수 있는 곳', '한 걸음 내딛는 게 두려울 때', '불안 멈추기'처럼 영상 제목부터 감정적 위로가 담겨 있다. 이곳에서 Z세대는 일상의 불안과 감정들을 털어놓는다. 이외에도 Z세대는 다양한 플레이리스트와 ASMR 채널에 자기 감정을 공유하며 다정함을 나누고 있다.

　온라인에서 서로의 다정함을 나누는 플레이리스트 콘텐츠처럼, 오프라인의 평범한 일상에서도 낯선 타인에게 다정한 말을 건네는 스몰토크를 담은 영상이 인기를 끌고 있다. 등산길에 마주친 사람

다정한 메시지를 전하는 ASMR 콘텐츠_유튜브 신인류의 사랑

들과의 짧은 대화, 공원을 산책하다가 만난 어르신과의 대화처럼 일상에서 낯선 이들과 나누는 대화가 영상으로 공유된다. 특히 식당에서 우연히 만난 옆 테이블 손님과 가벼운 이야기를 나누는 영상이 Z세대의 공감을 샀다. 옆 테이블 손님이 말을 걸자 촬영하지 말라는 뜻인가 싶어 경계하지만, 이내 따뜻한 응원을 전하는 모습이 이어진다. 흔히 볼 수 없는 다정함을 나누는 모습에 2025년 10월 기준 '좋아요'는 17만 개, 댓글은 1100개 넘게 달리며 뜨거운 반응을 이끌어냈다. 스몰토크 문화가 익숙하지 않은 한국 사회에선 낯선 사람에게 말을 거는 모습을 쉽게 보기 어렵다. 그렇기에 불편하

처음 보는 사람과의 따뜻한 스몰토크를 담은 릴스_인스타그램 @ardoryoung

지 않은 주제로 스스럼없이 말을 걸고, 또 자연스럽게 대화가 이어지는 모습에서 Z세대는 의외의 따스함을 느낀다. 삭막할 줄 알았던 현대 사회에 여전히 다정함과 따뜻함이 존재한다는 것을 느끼며 위안과 정서적 만족감을 채우는 것이다.

이와 관련, '다정한 번역'도 화제를 모았다. 영화 번역가 황석희는 SNS를 통해 사람들의 사연을 받은 뒤 이를 다정한 언어로 재해석해준다. 가령 이런 식이다. 가족과의 행복한 일상을 SNS에 올리는 사연자에게 친구가 "네 행복 전시하는 것 좀 그만해. 그건 네가 행복하지 않다는 뜻일지도 몰라"라는 메시지를 보냈다. 이에 충격

다정함을 다룬 도서들

을 받은 사연자는 친구의 말이 진심이었는지 고민하다가 번역을 요청한다. 친구의 말은 다정한 번역을 거쳐 이렇게 재탄생했다.

"네 행복을 볼 때마다 내 불행이 눈에 밟혀. 넌 어쩜 그렇게 용감하게 행복할 수 있는지……. 널 보면 나도 행복하고 싶어져."

다정한 번역은 표면적인 표현 뒤에 숨어 있는 진심을 다정한 문장으로 해석해준다는 점에서 Z세대에게 널리 사랑받고 있다. 각박한 세상에서 차갑게 들릴 수도 있는 말을 따뜻하게 재해석해주는 다정한 번역은 타인의 감정을 이해하는 하나의 방법으로 여겨지고 있다. 황석희는 다정한 번역에 대한 소회를 남긴 글에서 이렇게 밝혔다.

"다정한 번역을 하면서 가장 크게 느끼는 게 있다면, 다정함이라는 가치를 실행하는 건 엄청나게 어렵고 품이 많이 든다는 거예요. 이럴 때만이라도 공감해주세요. 다정하자는 글에서만큼은 따뜻하려고 노력하자고요. 차가운 머리는 잠시 치우고요."

다정함을 추구하는 흐름은 책과 드라마에서도 확인된다. 2025년 베스트셀러에 오른 《어른의 행복은 조용하다》, 《내가 한 말을 내가 오해하지 않기로 함》은 Z세대가 즐겨 참고하는 책으로 다정함의 문법을 담고 있다.

'마케터 숭'이 소개해 화제를 모은 책 《좋은 사람 도감》도 주목할 만하다. '여행 갈 때 멀티탭 챙겨 오는 사람', '화장실 휴지가 조금 남았을 때 새로 갈아놓는 사람' 등 사소하면서도 구체적인 형태의 좋은 사람들을 유형화해서 Z세대에게 큰 인기를 끌었다. 이처럼 일상에서 다정함이 묻어나오는 모습을 Z세대는 긍정적으로 바라보고 있다.

베스트셀러뿐만 아니다. 2025년 가장 사랑받은 넷플릭스 드라마로 꼽히는 〈폭싹 속았수다〉에서 남자 주인공 '양관식'이 아내와 딸에게 보여준 다정한 성품은 한국뿐만 아니라 전 세계 Z세대에게 '관식 신드롬'을 낳으며 다정함을 이상형으로 각인시켰다.

감정 안전 지대로 작용하는 플레이리스트부터 스몰토크 콘텐츠, 다정한 번역, 다정함을 다룬 수많은 책의 유행까지 Z세대가 반응하는 콘텐츠를 보면 우리 사회에서 희소해져가는 인간적인 가치인 다정함, 배려, 여유에 대한 이들의 갈망이 진하게 느껴진다. 이런 콘텐츠를 통해 다정함을 채울 뿐만 아니라, 스스로도 다정함을 발휘할 수 있는 사람이 되기 위해 관심을 갖고 노력한다. 다정함은 체력에서 비롯된다며 열심히 운동을 하고, 자신의 말투를 교정할 수 있는 '보이스 무드' 컨설팅에까지 관심을 갖는다. 묘하게 따지는 것처럼 들리는 말투를 개선한다거나, 감정적이지 않고 차분하게 들리는 말투로 고치는 방법을 알려주는 콘텐츠를 보면서 '다정력'을 높이려는 것이다. Z세대는 이를 통해 통제된 감정 표현법을 학습하는 등 인간관계에서 부정적인 감정을 관리해나가고 있다.

Z세대의 메타센싱은 자기 감정을 객관적으로 이해하고 관리하는 수준을 넘어 타인과의 관계를 유지하거나 개선하고, 우리 사회의 결핍을 감각하고 채우는 방향으로도 확장된다. 자신의 감정을 온전히 관리하면서 Z세대가 채우려고 하는 것은 내면의 단단함뿐만 아니라 이런 인간적인 가치인지도 모른다. 이처럼 Z세대는 다정한 언어로 사람들과 연결되고 더 따뜻한 관계를 만들어가려 한다. 결과적으로 메타센싱은 우리 사회에 '다정함'이라는 가치의 중요성을 키우고 '다정함 총량'을 늘릴 것으로 기대된다.

ISSUE 2.

리퀴드 콘텐츠

유연하고 느슨하게,
흐르는 콘텐츠를 즐기다

Z세대는 24시간 콘텐츠와 함께한다.
밥을 먹을 때도, 외출 준비를 할 때도, 공부할 때는 물론
심지어 잠잘 때까지도 콘텐츠가 일상의 틈을
빼곡히 채운다. 그러나 콘텐츠를 매 순간 소비한다는 것이
곧 매 순간 몰입하고 있다는 뜻은 아니다.
이들에게 콘텐츠란 흘러가게 두는 것이다. 일상 속
여백 사이를 흐르게 두었다가, 내가 원하는 순간에만
콘텐츠에 개입하고 몰입한다. 몰입에서 빠져나오는 것도
자유롭다. 즉 언제든 몰입의 온-오프On-Off를
조절할 수 있고, 일상의 빈틈을 채우는 역할에 충실한
콘텐츠가 살아남는다. Z세대의 일상을 흐르는
'리퀴드 콘텐츠'를 알아보자.

CHAPTER 4

Z세대에게 선택받는 콘텐츠는 이것이 있다

Z세대의 콘텐츠 소비 행태를 파악하기 위해 이들이 콘텐츠를 소비하는 모습을 상세히 들여다본 일이 있었다.[5] 이들이 멀티태스킹에 능숙하다는 것은 익히 알고 있었지만, 실제로 살펴본 모습은 그 차원을 뛰어넘었다. 예를 들면 이런 식이다.

친구를 만나러 가는 길, 버스에서 웹툰을 보다가 인스타그램 알람이 뜨자 바로 인스타그램으로 전환한다. 알람을 확인하고 가볍게 스토리를 훑거나 DM을 보내다가도 다시 웹툰으로 돌아온다. 그러면서 동시에 귀로는 유튜브 토크쇼 콘텐츠를 흘려듣다가 재미있거나 궁금해지면 바로 유튜브를 켜서 확인한다. 하나의 콘텐츠에 집중하기보다 동시에 여러 콘텐츠를 소비하고, 그 사이를 자유자재로 오가며 계속 전환하는 모습이다.

이처럼 Z세대의 콘텐츠 소비 방식은 완전히 다르다. 기성세대에게 콘텐츠는 처음부터 끝까지 집중해서 보는 것이었다면, Z세대에게 콘텐츠란 자신이 원하는 대로 소비 속도와 시간, 몰입의 온-오프 시점을 자유자재로 조절할 수 있는 것이다.

스마트폰을 열기만 해도 유튜브, 인스타그램, 틱톡 등 SNS에서 수억 개의 콘텐츠가 밀려들고, 웹툰과 웹소설 플랫폼에도 매일 수많은 작품이 올라온다. 디지털을 벗어나 시선을 돌리면 전시회와 박람회, 페스티벌, 그리고 매주 새롭게 열리는 팝업스토어까지 오프라인 역시 다채로운 경험과 콘텐츠로 가득하다. Z세대는 말 그대로 콘텐츠의 홍수 속에 살고 있다. 하지만 이들의 시간은 한정되어 있다. 콘텐츠를 즐기는 것 말고도 해야 할 일, 누려야 할 게 많다. 아무리 멀티태스킹에 능한 세대라 해도 한계는 분명하다. 이런 환경 속에서 Z세대의 콘텐츠 선택 기준은 과거와 다를 수밖에 없다. 개인에게 주어진 시간을 아득히 넘어설 만큼 콘텐츠가 넘쳐나는 시대, 과연 어떤 콘텐츠가 Z세대의 선택을 받고 있을까?

1분 숏폼과 5시간 롱폼의 공통점

알고리즘이 나도 모르는 내 취향에 맞춰 콘텐츠를 추천해주는 지금, Z세대의 콘텐츠 선택 기준을 파악하기란 쉽지 않다. 최근 Z세대 사이에서 유행하는 콘텐츠를 유형화하려 해봐도 종잡을 수 없다. 자극적인 콘텐츠로 도파민을 충전하다가도, 인간미 넘치는 콘텐츠로 낭만을 도모한다. 1분 내외의 숏폼에 몰입하는가 싶더니, 2시간도 짧다며 5시간짜리 콘텐츠를 원하기도 한다. 콘텐츠의 형식이나 장르만으로는 Z세대의 마음을 가늠할 수 없다. 선호하는 주제, 장르, 형식, 유형이 각자의 취향이나 상황에 따라 달라지기에 선택 기준을 확인하는 지표로 삼기 어렵다. 하지만 요즘 Z세대의 선택을 받는 콘텐츠에는 형식이나 장르를 뛰어넘은 분명한 공통점이 있다. 이들의 마음을 사로잡은 1분짜리 숏폼과 5시간짜리 콘텐츠 사이의 미묘한 교집합은 무엇일까?

이를 파악하기 위해 Z세대에게 선택받는 콘텐츠와 외면받는 콘텐츠는 무엇인지 살펴봤다. 먼저, 요즘 Z세대의 관심이 떨어진 대표적인 콘텐츠는 영화 관람이다. 팬데믹 이전, MZ세대의 핫플레이스이자 경험 마케팅의 장으로 주목받던 영화관은 코로나19가 종식되었음에도 불구하고 관객 수를 회복하지 못하고 있다. 영화 관람이 소비자에게 외면 받고 있다는 것은 여러 지표로 확인할 수 있다. 영화진흥위원회가 발표한 자료를 보면, 2025년 상반기 극장을 찾은 관객 수는 지난해 같은 기간보다 32.5%(2043만 명) 줄어들었다.[6] 또한, 천만 관객을 돌파한 영화가 줄을 이었던 과거와 달리 2025년은 10월까지도 잠잠했다. 인기를 견인했던 마블의 히어로 영화도 힘을 쓰지 못하고 있다. 흐름을 봐서는 2025년 안에 천만 관객을 돌파하는 영화가 나올지 요원한 상황이다.

왜 이런 변화가 생긴 것일까? Z세대가 영화관에서 영화를 덜 보게 된 이유로 주로 언급된 것은 "2시간 이상 가만히 앉아 몰입하기 힘들다"였다. 이들에게 영화 관람은 넘어야 할 문턱이 꽤나 많은 콘텐츠다. 상영 시간에 맞춰서 봐야 하고, 시청 속도나 시간, 몰입의 시점을 내가 조율할 수 없다. 영상 콘텐츠를 볼 때 속도나 몰입 정도를 조절하는 것이 당연한 Z세대에게 배속이나 건너뛰기 없이 2시간 넘게 '정속'으로 감상해야 한다는 점과 다른 일을 병행하기 어렵다는 점은 큰 심리적 진입 장벽으로 작용한다. 그렇기에 역설적인 소비 패턴이 나타난다. 몰입을 강제하고 싶을 때 영화관을 찾는다. 배속 없이 온전히 음미하고 싶은 영화가 있을 때나 디지털 디톡스[3]가 필요할 때 일부러 영화관을 찾아 몰입할 환경을 만드는 것이다.

한편, 웹툰과 웹소설의 지표도 좋지 않다. 매력적인 콘텐츠 IP로 꼽히던 2020년 초보다 화제성이 줄었다. 국내 주요 웹툰 플랫폼인 네이버웹툰, 카카오페이지, 네이버 시리즈, 카카오웹툰의 총 이용시간은 2022년 정점을 찍은 뒤 감소하고 있다. 안드로이드 기준 월간 이용 시간은 2024년 4월 기준 9949만 4725시간으로 1년 전(1억 1210만 1581시간) 대비 11.2% 줄었다. 2025년에 들어 중소 웹툰 플랫폼들이 잇달아 사업을 철수하는 등 산업 전체가 부진한 모습이다.[7]

웹툰과 웹소설은 영화 관람에 비해 접근성이 좋고 가볍게 소비할 수 있는 '스낵 콘텐츠'가 아닌가 싶을 것이다. 하지만 영화 관람과 마찬가지로 웹툰과 웹소설에도 Z세대의 유연한 몰입 온-오프를 막는 장벽이 존재한다. 바로 연재 기간이 매우 길다는 점이다. 한 회차의 길이는 짧을지 몰라도 전체 서사의 호흡이 길고, 완결까지 시간도 오래 걸린다. 웹툰을 "10년짜리 콘텐츠"라고 평한 Z세대도 있다. 중간에 흐름을 놓치면 따라가기 어렵고, 완결난 뒤 한꺼번에 몰아서 보기도 벅차다. Z세대가 추구하는 자유로운 몰입의 온-오프와 어긋나는 면이 있는 것이다. 웹툰을 좋아해 유료 결제를 해가면서까지 봐왔던 Z세대는 이 같은 이유로 웹툰에 흥미를 잃었다고 답했다.

> "어느 순간, 내가 이 웹툰을 어디까지 봤는지 까먹어요. 그러다 보니 조금씩 흥미가 떨어져서 하나둘 안 보기 시작하다가 어느 순간 아예 안 보고 있더라고요." _'제트워크 2025 시즌 2' 참여자 다이(V8283)

영화, 웹툰, 웹소설의 부진은 OTT와 SNS 플랫폼의 부상, 높아진 티켓 및 콘텐츠 가격의 영향도 분명히 존재한다. 이전에 비해 매력적인 콘텐츠 IP가 부족하다거나 양산형 콘텐츠의 증가로 피로도가 높아진 탓도 있을 것이다. 하지만 이런 환경적이고 형식적인 요인만으로는 설명이 충분하지 않다. Z세대의 콘텐츠 소비 행태와 의미 자체가 바뀌었다는 점도 함께 고려해야 한다.

영화, 웹툰, 웹소설은 형식은 달라도 몰입의 전환이 자유롭지 않다는 공통점이 있다. Z세대는 콘텐츠 소비에 있어서 속도와 시간 조절, 몰입 시점의 전환이 유연한 게 중요한데, 이에 제약이 있는 콘텐츠인 것이다. 내가 어떤 속도로 얼마나 오랫동안 볼지, 언제 집중하고 집중하지 않을지 자유롭게 조절하는 게 어렵기 때문에 해당 콘텐츠를 선택하는 데 장벽을 느낀다. 즉, Z세대에게 영화, 웹툰, 웹소설은 상당한 시간을 투자해 몰입해서 봐야 하는 콘텐츠로 여겨진다. 이를 위해서는 몰입을 위한 환경을 조성하거나 시간을 확보해야 한다고 생각하며, 시간을 투자할 만한 가치나 매력 요인이 확실하지 않으면 애초에 시작하는 것을 어려워한다.

텍스트 힙이 트렌드가 된 이유

그렇다면 지금 Z세대의 선택을 받고 있는 콘텐츠는 무엇일까? 더 즐기게 된 콘텐츠로는 유튜브, SNS 콘텐츠, 책, 전시회 등이 꼽혔다. 언제 어디서든 유연하게 소비할 수 있는 유튜브, SNS 콘텐츠와 몰입하고 집중해서 봐야 하는 책, 전시회라니. 언뜻 보면 교집합이 전혀 없는 것 같지만, 이들을 관통하는 공통점이 있다. 바로 Z세대의 달라진 콘텐츠 소비 방식에 맞게 속도, 시간, 몰입 시점을 자유자재로 조절할 수 있다는 점이다.

Z세대의 콘텐츠 소비에서 압도적인 비율을 차지하는 유튜브와 SNS 콘텐츠는 말할 것도 없다. 자유롭게 배속하거나 스와이프하며 콘텐츠 소비 속도와 시간을 조절할 수 있고, 몰입해서 보지 않아도 되기에 콘텐츠 간 전환도 자유롭다. 동시에 여러 가지 콘텐츠를 병렬적으로 소비하거나, 다른 행동을 하며 보는 멀티태스킹도 용이하다. 언제든 부담 없이 틀어두고 빈틈을 채울 수 있는 콘텐츠인 것이다.

이에 비해, 최근 Z세대의 주목을 받는 '전시회'는 특정 공간에서 몰입해 감상하는 콘텐츠다. 언뜻 보면 장벽이 높은 콘텐츠처럼 보일 수 있다. 그러나 Z세대는 몰입의 필요성 여부만으로 판단하지 않는다. 그들에게 중요한 것은 몰입의 시점과 강도를 스스로 조절할 수 있는지 여부다. 이런 관점에서 전시회는 이들에게 관람 속도와 방식을 자유롭게 조절할 수 있는 유연한 콘텐츠로 여겨진다. Z

세대는 친구와 함께 전시회에 가더라도 각자의 속도에 맞춰 따로 감상한다. 취향에 맞는 작품에 시간을 더 오래 할애하거나 짜여진 동선이 있어도 내 입맛대로 동선과 속도를 조절하며 관람한다. 즉 속도와 시간, 몰입 시점의 유연한 조절이 가능한 콘텐츠인 것이다.

> "저는 친구와 전시회에 가도 따로 다녀요. 내 속도와 친구의 속도가 다를 수 있잖아요. 저는 이걸 이미 다 봤고 이 방향으로 가야 되는데, 친구가 아직 못 봐서 움직이지 않거나 옆에서 한마디씩 던지면 몰입이 깨질 수밖에 없어요. 그래서 전시회에 가면 항상 굿즈샵에서 다시 만나기로 해요." _'제트워크 2025 시즌 2' 참여자 하룰라라(U1031)

Z세대의 콘텐츠 소비 행태 변화는 전통적인 독서 방식에도 영향을 미쳤다. 과거에는 독서를 한다면 집중해서 하나의 책을 처음부터 끝까지 완독하는 것이 당연하게 인식됐다. 끝까지 읽지 않거나 건너뛰며 읽는 것은 제대로 된 독서가 아닌 것으로 여겨졌지만, 지금 Z세대에게는 책도 유연하게 소비할 수 있는 대상이 되었다.

이런 소비 행태의 변화를 보여주는 대표적인 사례가 최근 주목받는 독서 방식인 '병렬 독서'다. 여러 권의 책을 동시에 번갈아 읽는 것으로, Z세대는 한 권의 책을 처음부터 끝까지 완독해야 한다는 강박에서 벗어나 자신의 템포에 맞춰 독서를 즐긴다. 감동이나 충격을 받은 대목에 충분히 머물며 여운을 곱씹기도 하고, 책이 전하는 메시지를 온전히 이해하기 위해 잠시 독서를 멈추기도 한다. 동시에 여러 책을 읽으며 언제든 관심이 가는 책으로 갈아타고 전환하기도 한다.

> "책을 읽을 때, 흥미가 떨어지면 잠시 멈추고 다른 책으로 전환하는 병렬
> 독서를 실천하고 있어요. 독서에 대한 부담은 줄고 다양한 주제와 장르를
> 자연스럽게 접하다 보니 책에 대한 흥미를 유지할 수 있어요." _ '제트워크
> 2025 시즌 2' 참여자 바삭이(B1101)

이처럼 소비 방식이 유연해지면서 책은 더 이상 장벽이 높은 콘
텐츠가 아니라 쉽게 접근할 수 있는 콘텐츠로 새롭게 인식되고 있
다. 한동안 Z세대와는 거리가 멀다고 여겨졌던 책이 2024년 '텍스
트 힙'[4]이라는 새로운 트렌드를 만들어내고, 지금까지도 여전히 영
향력을 이어가고 있는 이유는 여기에 있다.

책에 대한 감상을 나누는 방식도 달라졌다. 누구나 독후감을 써
본 기억이 있을 것이다. 과거엔 독후감처럼 책을 끝까지 다 읽고 자
신의 생각을 정리한 뒤 감상을 나누는 것이 일반적이었다. 그러나
이제 Z세대에게 책은 꼭 끝까지 완독해야 하는 것이 아니다. 독서
를 하는 중에도 서로 감상과 의견을 나누는 모습이 관찰되고 있다.
그 대표적인 방법이 바로 '교환 독서'다. 한 권의 책을 친구들과 함
께 읽으며 인상적인 구절에 자신의 생각이나 감상을 적어 주고받
는 형태로, 교환 일기와 비슷한 방식이다. 종이책을 돌려보는 것부
터 '밀리의 서재' 같은 전자책 기반 플랫폼을 활용하거나 '노션' 같
은 서비스를 활용하는 등 그 방식은 다양하다.

교환 독서는 유튜브나 SNS에서 실시간으로 댓글을 주고받으며

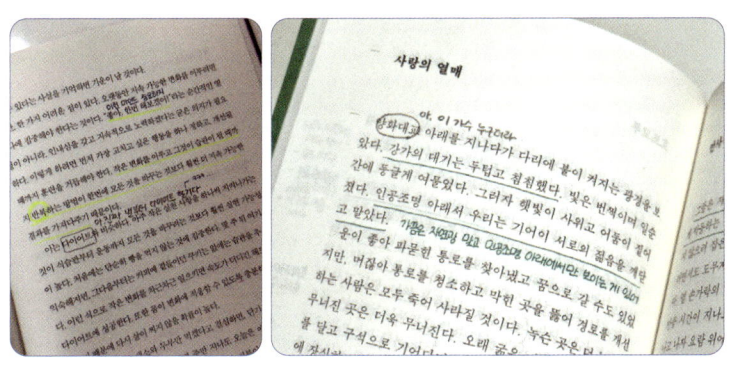

친구와 교환 독서를 하는 모습_ '제트워크 2025 시즌 1' 참여자 김밥(Z1258)

소통하는 것을 연상하게 한다. Z세대에게 익숙한 디지털 콘텐츠 소비 방식이 오프라인 콘텐츠인 책으로도 넘어온 것이다. 책을 읽으며 구절마다 그 순간 느낀 생각이나 감정을 마치 댓글을 남기듯 기록한다. 그 기록을 따라 읽으며 공감이 가는 메모에 추가적으로 댓글을 달고 소통하는 경험은 마치 실시간으로 함께 책을 즐기며 읽는 듯한 느낌을 준다. 온라인에 '댓글까지 봐야 다 본 거다'라는 인식이 있듯이, 교환 독서를 하면서 남기는 의견들이 하나의 새로운 콘텐츠가 되면서 독서 경험을 더욱 다채롭게 만들고 있다.

책의 감상을 실시간으로 나누는 방식은 또 있다. 바로 책 리액션 콘텐츠다. 다소 낯설게 들릴 수도 있지만, 말 그대로 책을 읽고 그에 대한 반응을 영상으로 담아 공유하는 것이다. 크리에이터 '쩜'이 인스타그램에 업로드한 소설《급류》,《에마》등의 리액션 영상은 100만 회가 넘는 조회 수를 기록하며 Z세대 사이에서 크게 화제가 되었다. 책 리액션 콘텐츠에는 책의 줄거리가 담기지 않는다. 책을 읽

고 난 후의 감상보다는 책을 읽는 과정에서 느끼는 감정에 초점이 맞춰져 있다. 슬픈 장면에선 눈물을 흘리기도 하고, 설레는 장면이 나오면 방방 뛰는 등 독서 과정에서 느낀 감정과 반응을 솔직하게 보여줄 뿐이다. 이렇게 책 읽는 과정을 나누는 교환 독서와 책 리액션 콘텐츠는 Z세대의 유연한 콘텐츠 소비가 독서에 녹아들었음을 보여준다.

유튜브, SNS 콘텐츠, 책, 전시회는 콘텐츠의 형식은 다르지만 자신이 원하는 대로 속도, 시간을 유연하게 조절할 수 있고 몰입 시점의 전환이 자유롭다는 공통점이 있다. 특히 책과 전시회는 Z세대의 콘텐츠 소비 환경이 유연해지고 자신에게 맞게 속도와 몰입 시점을 조절하는 방식으로 소비하는 행태가 달라지면서 오히려 이전보다 더욱 선택받는 콘텐츠로 자리잡았다.

Z세대에게 콘텐츠는 처음부터 끝까지 몰입해서 봐야 하는 것이

아니다. 그때그때의 상황과 니즈에 따라 유연하게 소비하고 빠르게 몰입의 온-오프를 전환할 수 있는지가 콘텐츠를 선택하는 핵심 기준이 되었다. 결국 사용자가 자신의 흐름에 맞게 소비할 수 있고, 몰입을 강요받기보다 스스로 조절할 수 있는 콘텐츠가 Z세대의 선택을 받는다. 이처럼 물처럼 유연하고 느슨하게 Z세대의 일상을 흐르는 콘텐츠를 '리퀴드 콘텐츠'라 정의하고자 한다.

CHAPTER 5

Z세대의 일상을 채우는 '리퀴드 콘텐츠'

《Z세대 트렌드 2024》에서는 Z세대가 반응하는 콘텐츠 트렌드로 'Raw 콘텐츠'를 소개하면서, 그 특징 중 하나로 '느슨한 콘텐츠'를 언급한 바 있다. 편집을 최소화하고 빡빡한 기획 없이 느슨하게 흘러가는 콘텐츠를 선호하는 흐름은 현재 Z세대가 콘텐츠를 소비하는 모습과도 일치한다. 몰입을 강요하지 않는 유연하고 느슨한 속성은 여전히 콘텐츠의 핵심 문법으로 생동하며 이어져오고 있다. 이제 Z세대에게 콘텐츠는 집중해서 몰입하는 대상이 아니라 일상의 배경처럼 자연스럽게 흐르며 여백을 채우는 존재다.

이런 맥락에서 주목받는 것이 앞서 정의한 '리퀴드 콘텐츠'다. 여기에서 리퀴드, 즉 흐름은 여러 의미를 포괄한다. 전체적인 분위기나 맥락을 뜻하기도 하고, 상황에 따라 유동적으로 소비하는 모습을 뜻하기도 한다. 일상의 공백에 콘텐츠가 다양한 형태로 스며드는 모습 또한 리퀴드(액체)의 흐르는 성질과 닮아 있다. Z세대가 주목하는 리퀴드 콘텐츠의 특징과 그것이 사랑받는 이유를 알아보자.

▼

대화형 콘텐츠가 뜨는 이유

리퀴드 콘텐츠 가운데 가장 두드러지는 유형이 바로 '대화형 콘텐츠'다. 대화형 콘텐츠는 인터뷰나 토크쇼, 상황극처럼 기획되고 짜여 있지 않다. 의식의 흐름대로 맥락 없이 이어지는 일상의 대화처럼 출연진의 대화를 중심으로 자연스럽게 흘러간다. 뜬뜬의 '핑계고', 채널십오야의 라이브 방송이나 '나영석의 와글와글·나불나불' 시리즈처럼 특별한 주제 없이 대화를 이어가거나, 주제가 있더라도 기승전결 구조 없이 자연스럽게 흘러가는 모습을 보인다.

의식의 흐름에 따라 대화가 이어지다 보니 뚜렷한 맥락이 없고 내용의 밀도는 낮다. 하지만 그런 이유로 다른 일을 하다가도 관심 있는 내용이 나오는 순간에만 연결되는 것이 가능하다. 러닝타임이 1시간을 훌쩍 넘는 대화형 콘텐츠가 많지만 몰입을 조절할 수 있기에 부담 없이 틀어두고, 일상의 빈틈을 메운다. 한마디로, Z세대의 유연한 콘텐츠 소비에 특화되어 있는 콘텐츠다.

대화형 콘텐츠 중에서도 최근 성장세가 두드러지는 콘텐츠 유형이 있다. 바로 유튜브의 팟캐스트[5]형 콘텐츠다. 유튜브 콘텐츠인데도 영상보다는 팟캐스트처럼 소리를 통한 정보 전달에 집중하는 것이 특징이다. '집중하지 않아도 된다'는 대화형 콘텐츠의 장점이 극대화되어 영상을 보지 않고 소리만 들어도 충분하다. 2025년부

일상적인 소재와 전문적인 소재를 넘나드는 '침착맨의 둥지' 콘텐츠_유튜브 침착맨

터 침착맨 채널의 '침착맨의 둥지', 민음사TV의 '독서클럽' 등 팟캐스트 형식의 콘텐츠가 하나둘 늘어나더니, 지금은 하나의 콘텐츠 유형으로 자리잡았다. 영상 중심인 유튜브 생태계에서 오디오로 승부하는 팟캐스트의 문법이 먹힌 것이다. 이는 유튜브를 틀어두고 소리만 듣는 것이 하나의 소비 행태가 되었음을 단적으로 보여준다. 사례를 구체적으로 살펴보자.

침착맨의 팟캐스트형 콘텐츠 '침착맨의 둥지'는 게스트를 불러 함께 수다를 늘어놓는 형태로 진행된다. 경상도 출신 사람들을 모아 '경상도 향우회'를 주제로 이야기하거나, 금연과 관련 있는 사람들을 모아 '금연의 모든 것'이라는 콘텐츠를 내보내는 등 일상적인 소재를 많이 다루지만 AI나 주식처럼 전문적인 분야를 주제로 대화를 나누기

책에 대해 대화하던 중 개인의 경험과 생각에 대한 질문으로 넘어가는 '세문전 독서클럽' 콘텐츠_유튜브 민음사TV

도 한다. 단, 전문적인 분야를 소재로 삼더라도 관련 정보를 제공하거나 설명 위주로 진행되기보다는 친구들과 수다를 떠는 것처럼 자신의 경험에 기반한 생각을 이야기하는 식으로 콘텐츠가 흘러간다.

책 내용을 소재로 자신의 생각을 나누는 민음사TV의 '독서클럽'도 이와 비슷하다. 책 내용으로 대화한다니 무거운 내용을 진중하게 논의할 것 같지만 생각만큼 심오하거나 격식 있는 토론이 오가는 것은 아니다. 책의 소재에 대한 각자의 의견을 가볍게 나누는 정도에 그친다. 이런 흐름 때문에 듣다 보면 '대화 주제가 왜 이렇게 빨리 변해?'라는 생각이 절로 들 정도다. 예를 들어《도리언 그레이의 초상 1890》을 읽고 '자의식 과잉'에 대해 이야기하다가 책의 주요 내용 중 하나인 '마법의 초상화로 영원히 간직하고 싶은 것'에 대한 의견을 교환하고, 그 과정에서 '최근에 봤던 아름다운 것'이 무엇인지에 대한 주제로 물 흐르듯 넘어가는 식이다. 자칫 정신없고 산만해 보일 수 있지만 오히려 이런 점이 팟캐스트형 콘텐츠의 재미 요소가 되며, '틀어 놓는 콘텐츠'로서의 역할을 공고해준다. 실제로 Z세대에게 팟캐스트형 콘텐츠를 보는 이유를 묻자 "콘텐츠의 자연스러운 흐름", "집중하지 않아도 되는 콘텐츠"라는 답변이 많이 나왔다.

> "라디오처럼 흘러들어도 되는 콘텐츠라 어떤 상황에서도 들을 수 있다는 장점이 있어요. 또한 진행자와 게스트가 오래 알고 지낸 친구처럼 자연스레 대화하는 것을 듣다 보면 내가 정말 그 자리에 함께하는 느낌이 들기도 합니다." _'제트워크 2025 시즌 2' 참여자 상경(B1210)

> "다른 일을 하면서 부담 없이 틀어 놓아요. 특히 유튜버 '궤도'의 과학 관련 영상은 그 분량이 3시간 정도 되는데, 흘리듯 들어도 유용한 지식을 얻을 수 있어서 좋아요." _'제트워크 2025 시즌 2' 참여자 키키(K1236)

대화형 콘텐츠는 흐름이 자유로운 만큼, 출연진의 솔직한 생각을 들을 수 있다는 점이 또 하나의 매력으로 작용하고 있다. 대화에서 전달해야 할 정보의 밀도가 낮고 전체 구조가 느슨할수록 개인의 지향이 묻어나기 마련이다. 팟캐스트형 콘텐츠 소비자들은 특히 이런 개인적인 생각에 흥미를 느낀다고 밝혔다.

"저와 비슷한 나이대의 사람들이 다양한 의견을 가지고 토론하면서 서로 다른 생각을 공유하는 게 재미있습니다. 콘텐츠를 보면서 저도 그 주제에 대해 더 확장된 생각을 해볼 수 있었어요." _'제트워크 2025 시즌 2' 참여자 라라(K1157)

이런 트렌드는 정보 제공 콘텐츠에도 변화를 가져왔다. 정리된 스크립트나 전문가의 인터뷰를 바탕으로 만들어진 콘텐츠가 아니라 자유로운 대화 속에서 지식을 다루는 정보성 콘텐츠들이 점차 늘어나고 있다. 예를 들어, '조승연의 탐구생활'에서는 '한국인은 왜 계급 나누기를 좋아하는가', '여행은 경험인가 낭비인가' 같은 주제에 대한 솔직한 생각을 수다 떨듯 풀어낸다. '14F 일사에프'에서 선보이는 '10분 토론' 콘텐츠도 마찬가지다. 진행자 한 명과 특정 주제의 전문가 두 명이 대화를 나누는 방식으로 진행되는데, 깊이는 얕지만 폭넓은 정보를 다룬다. 블랙홀을 주제로 한다면, 블랙홀이 생기는 이유 같은 과학 지식부터 영화 〈인터스텔라〉 속 블랙홀까지 다루는 식이다. 이해하기 어렵거나 깊이 있는 정보가 아니기에 집중하지 않고 가볍게 즐기면서도 좀 더 '똑똑해지는' 듯한 만족감을 느낄 수 있다.

▼

시각보다 청각

대화형 콘텐츠와 팟캐스트형 콘텐츠처럼 집중하지 않고 볼 수 있는 느슨한 리퀴드 콘텐츠가 뜨면서 중요해지는 요소가 있다. 바로 '청각'이다. 이런 대화형 콘텐츠는 영상이 있는 유튜브 콘텐츠이지만 화면을 보지 않고 소리만 듣는 경우가 대부분이기에, 때로는 시각보다 청각적인 요소가 중요하다. 소리만 들어도 내용을 온전히 파악할 수 있도록 대화들이 구성되어야 하는 것은 기본이고, 대화의 속도나 말투 등이 거슬리는 것 없이 편하게 들을 수 있어야 한다. 앞서 소개한 것처럼 영상 기반의 유튜브 환경에서 귀로 듣는 '팟캐스트형 콘텐츠'가 부각된 것도 이를 보여준다.

청각의 중요성을 보여주는 재미있는 콘텐츠가 있다. 바로 영상 콘텐츠의 소리만 따서 플레이리스트로 만든 '수다 플레이리스트'다. 유튜브 채널 '뜬뜬'은 '풍향고'에서 미공개 토크를 모아 수다 플레이리스트 형식으로 선보였다. 보통 플레이리스트는 특정 주제의 음악들을 엮어서 만드는데, 이 콘텐츠에서는 대화 내용을 모아 플레이리스트로 제작했다. 원래의 콘텐츠에서는 볼 수 없는 미공개 토크와 출연자들 사이의 사적인 대화를 담아 바로 옆에 있는 듯한 생생함을 살렸다.

반응은 뜨거웠다. Z세대의 콘텐츠 소비 방식에 맞춰 '흘려볼 수 있는 콘텐츠'를 따로 제작한 것이 통한 것이다. "펑계고 제작진의 감이 좋다", "펑계고를 어떻게 소비하고 있는지 다 파악한 것 같다" 등 긍정적인 댓글이 주를 이뤘다. 콘텐츠를 영상 없이 소리만으로도 충분히 즐기는 시청자들이 꽤 많으며, 이들의 니즈를 충족시키는 콘텐츠가 나온다면 언제든 소비할 의향이 있다는 것을 확인할 수 있다.

[EN/미공개 토크 모음] 풍향고 수다 Playlist | 여행은 가고 싶고 계획은 짜기 싫어 지쳐져 있을 때 듣기 좋은 수다 #유재석 #황정민 #지석진 #양세찬

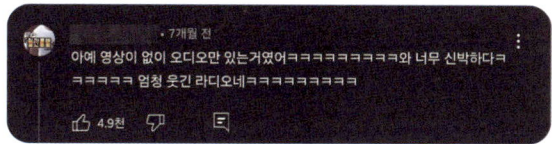

출판사의 책 플레이리스트 콘텐츠도 인기다. 단순히 독서할 때 듣기 좋은 음악을 모아놓은 것이 아니라 특정 도서에 담긴 감성을 음악이라는 장르로 극대화했다. 한겨레출판의 책 플레이리스트는 책의 줄거리에 어울리는 노래들을 선별해 적절한 그림과 함께 영상에 담았다. 여기에 실제 작품 속 대사를 발췌해 자막으로 넣거나 제목으로 활용했다. 문학동네의 책 플레이리스트는 작가가 직접 책의 분위기에 맞는 음악을 선정했다. 물론 작가뿐만 아니라 책을 만든 편집자나 마케터, 디자이너도 선곡에 참여했다. 책 표지 이미지로 카세트 테이프 형태의 섬네일을 만들고, 책의 매력을 가장 잘 보여주는 한 문장을 곁들인다. 이처럼 책 플레이스트는 직접적으로 책의 내용을 소개하지 않더라도 노래로 책의 분위기를 표현함으로써 소비자들의 호기심을 자극한다.

[식물, 상점 | Playlist] 형사님은 잘 모르시겠지만 여자들은 그렇게 사는 게 익숙하거든요.

《식물, 상점》책 플레이리스트 콘텐츠_유튜브 한겨레출판

책 플레이리스트는 특정 책과 함께 즐길 때 매력이 살아나고 진가를 발휘하는 '페어링' 콘텐츠다. 그러다 보니 플레이리스트 자체가 아닌 책에 더 감각적으로 몰입할 수 있는 환경을 조성한다. 멀티태스킹이 당연한 Z세대에게는 이런 콘텐츠 페어링 전략이 매력적으로 다가온다.

일상의 여백을 채우는 콘텐츠

Z세대의 일상에는 콘텐츠와 즐길 거리가 넘쳐난다. 조금만 찾아봐도 내게 필요한 정보를 담고 있고 니즈를 충족시켜주는 콘텐츠를 손쉽게 얻을 수 있다. 콘텐츠 과잉의 시대, Z세대는 한정된 시간을 다채로운 콘텐츠와 경험으로 채우며 더 알차고 가치 있게 향유하기 위해 노력한다. 그렇기에 콘텐츠뿐 아니라 소비 전반에 '라이트'하게 즐기는 문화가 깔려 있다. 하나에 집중하는 것이 아니라 넓고 가볍게 '찍먹'하고, 여러 가지를 동시에 병렬적으로 소비하며 빠르게 전환한다.

이 '라이트'함은 길이, 분량 같은 형식에서 오는 것이 아니다. 러닝타임이 길더라도 내용의 밀도가 높지 않고 느슨해서 자신의 흐름에 맞게 소비할 수 있다면 상관없다. 집중력을 도둑맞은 와중에 책이 유연하게 소비할 수 있는 콘텐츠로 떠오르면서 Z세대의 일상에서 다시 주목받을 수 있었던 것처럼 말이다. 결국 중요한 것은 속도와 시간, 몰입의 시점을 유연하게 조절할 수 있는지 여부다.

한때 Z세대를 사로잡기 위해서는 '과몰입을 유발해야 한다'는 것이 콘텐츠의 철칙이던 시절이 있었다. 강강강강으로 몰아치는 구성과 시선을 돌릴 수 없는 편집이 중요했던 시기다. 하지만 지금 Z세대의 선택을 받는 콘텐츠의 핵심은 '몰입을 유도하는' 것이 아니다. '몰입하지 않아도 곁에 둘 수 있는 콘텐츠'가 되어야 한다. Z

세대에게 콘텐츠란 따로 시간을 내서 소비하는 특별한 이벤트가 아니라 일상에서 항상 함께하는 것이다. 그렇기에 Z세대의 일상에 틈입하는 콘텐츠가 되려면 유연하고 느슨해야 한다. 일상의 여백을 유연하게 채우고 감정과 생활의 리듬을 따라 흐르는 배경이 되어야 한다.

자연스럽게 흐르듯 소비하는 리퀴드 콘텐츠는 Z세대의 일상에 자연스레 스며든다. 일상 속 배경음악처럼 적적함을 달래주고, 때로는 가볍지만 알찬 정보로 지적인 허기를 채워준다. 뿐만 아니라 느슨해진 관계의 여백을 메워주기도 한다.

Z세대의 콘텐츠 소비 행태를 조사하다 보면 꼭 관찰되는 것이 있다. 바로 밥을 먹으면서 콘텐츠를 보는 모습이다. Z세대는 누구나 '밥친구' 콘텐츠를 하나쯤 가지고 있는 듯하다. 이뿐만 아니라 집을 정리할 때나 외출을 준비할 때 등 혼자 있는 시공간에서 콘텐츠와 함께하며 가벼운 연결감을 느낀다.

또, 취향 세분화의 시대이다 보니 Z세대는 자신이 좋아하는 것을 다른 사람과 공유하는 것을 조심스러워한다. 자신의 이야기가 TMI 취급을 받지 않을까 걱정하는 것이다. 좋아하는 것을 양껏 나누고 싶을 때 이들은 콘텐츠를 찾는다. 좋아하는 콘텐츠에 대한 유튜버의 반응과 댓글을 볼 수 있는 '리액션 콘텐츠'를 찾아 관계의 여백을 채운다. 이들에게 콘텐츠는 감정을 공유하고, 세분화된 지향에 맞춰 좋아하거나 싫어하는 것에 대해 솔직하게 의견을 나눌 수 있는 공간이 된다.

때로는 앞서 소개한 대화형 콘텐츠도 연결감을 느끼는 대상이 된다. 의식의 흐름에 따라 흐르는 대화를 듣다 보면 나도 함께하는 듯한 느낌을 받는다. 연애 프로그램 및 드라마 리액션으로 유명한 유튜버 '찰스엔터'는 개그우먼 이은지, 배우 송건희, 유튜버 승헌쓰와 함께 대화를 나누는 영상을 업로드했다. 이들이 함께 모여 이야기하던 중 "고백하자마자 키스하는 것을 어떻게 생각하냐"는 질문이 나왔고, 대화의 주제가 재미있어서 갑자기 카메라를 켜게 되었다. 해당 질문에 대한 각자의 대답을 시작으로 자신의 매력 포인트, 사랑에 대한 생각, 서로의 첫인상으로 주제가 계속 바뀌었다. 날것 그 자체의 대화를 보면서 시청자들은 자신도 대화에 함께하는 것 같다는 연결감을 느끼며 이를 자신의 경험에 빗대어 즐겼다.

지금까지 살펴본 리퀴드 콘텐츠의 특징은 사용자가 자신의 흐름에 맞게 소비할 수 있고, 몰입을 강요하기보다는 일상 속 여백을 유연하게 채워준다는 것이다. 이는 Z세대의 시간을 알차게 채워줄 뿐만 아니라 Z세대가 갈증을 느끼는 관계의 여백까지도 메워준다. Z세대의 일상 속에서 유연하고 느슨하게 흐르며 여백을 채우는 리퀴드 콘텐츠는 앞으로도 계속 Z세대의 선택을 받을 것이다.

ISSUE 3.

적시소비

지금이 아니면
사라질 순간을 소비하다

소비 트렌드는 언제나 '희소성'을 좇아왔다.
과거에는 프리미엄, 한정판, 명품처럼 소수만 누릴 수 있는
물질적 가치가 희소성을 규정했다.
그러나 오늘날 Z세대가 희소성을 정의하는 기준은
가격이나 수량이 아니다. 지금이 아니면 사라질지도 모르는
감각과 경험에 더 큰 가치를 둔다. 불확실한 미래 속에서
'놓치지 않아야 할 지금'이 새로운 소비 기준으로
떠오르고 있는 것이다.
Z세대는 결과물을 넘어 자신이 느끼는 감정과 감각에
더 큰 만족을 느낀다. 이들은 당장 느낄 수 있는 경험을
핵심 가치로 삼는다. 결국 중요한 것은 지금 이 순간을
온전히 누릴 수 있는 나만의 타이밍이다.
다시 돌아오지 않을 일상의 분위기와 그 자리에서만
느낄 수 있는 감정에 집중한다. 이런 흐름은 '적시소비'라는
구체적인 소비 태도로 나타나고 있다.
불안정한 미래 속에서 지금 당장의 경험을 온전히
누리려는 선택이 Z세대 소비의 특징이 된 것이다.

CHAPTER 6

경험에도
가성비가 있다

"요즘 Z세대의 소비는 역피라미드 같아요."

Z세대 대학생들과 함께한 트렌드 워크숍[8]에서 한 참여자가 한 말이다. 기본적인 의식주나 물질적인 소비는 최대한 줄이면서 경험을 쌓는 소비에는 아낌없이 지갑을 여는 Z세대의 모습을 역피라미드에 비유한 것이다.

사실 Z세대가 경험 중심의 소비를 선호한다는 것은 새로운 이야기가 아니다. 대학내일20대연구소가 관찰해온 소비 트렌드에서도 '경험'은 꾸준히 핵심 키워드로 등장해왔다. Z세대는 '디지털 네이티브'이면서도 오감을 만족시키는 경험을 좇는 '실감세대'[6]다. 이들은 폭넓고 다양한 경험으로 시야를 넓히고 스스로를 알아가며, 이를 바탕으로 '경험 자산'을 쌓아가고 있다.

몇 년 전부터 경험은 이미 소비의 열쇠로 주목받고 있었다. 여기에 경제 불황과 기후변화, 인구 변화처럼 개인이 해결하기 어려운 사회 구조적 문제들로 불확실성이 커지면서 경험의 가치는 더욱 높아지고 있다. 물질적인 소비가 순간적이고 유한한 데 비해 경험은 좋은 것이든 아쉬운 것이든 온전히 나에게 남아 자산이 된다. Z세대에게 경험이란 확실한 만족과 가치를 얻을 수 있는 믿을 만한 투자처인 셈이다.

경험을 중시하는 태도가 더욱 강해지면서, 이제는 얼마나 밀도 있는 경험으로 자신의 시간을 채울 수 있는지 여부가 Z세대 소비의 핵심 가치로 부상하고 있다. Z세대에게는 시간도 자산이다. 주어진 시간을 얼마나 가치 있고 풍성하게 채울 수 있는지, 시간 대비 경험의 가성비를 따지며 Z세대는 지갑을 연다.

▼

밀도 있는 다층 경험을 추구하다

이 같은 태도는 특히 Z세대의 여가생활에서도 뚜렷하게 드러난다. 실제로 Z세대와 트렌드 워크숍을 진행하면서, 최근 Z세대가 주목한 여가 활동에 대해 토의했다.[9] Z세대의 여러 관심사만큼 다채로운 여가 활동이 언급됐는데, 이들이 공통적으로 이야기한 키워드는 '스포츠 직관'과 '박람회'였다.

두 활동의 공통점은 투자한 시간 대비 다층적인 경험이 가능하다는 것이다. 다시 말해 경험의 가성비가 높은 활동이라는 점인데, 대표적으로 야구 직관 문화를 떠올릴 수 있다. 경기를 관람하는 것 외에 응원 문화부터 야구장 푸드(야푸), 굿즈, 패션, 시구 이벤트까지

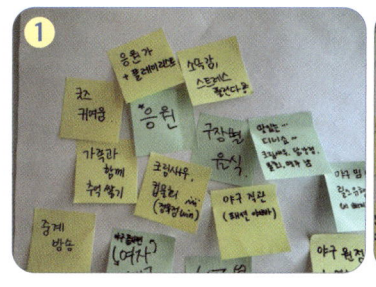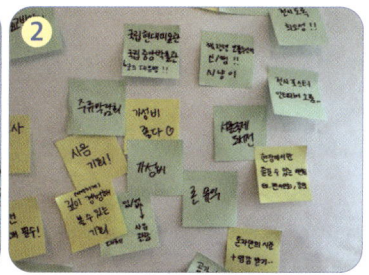

최근 Z세대가 주목하는 여가활동 토의 결과 ❶스포츠 관람, ❷전시·박람회

다양한 경험을 제공한다. 야구에 대한 지식이 없어도 응원을 즐기거나 이벤트에 참여할 수 있고, 그날 경기가 기대에 미치지 못하더라도 크림새우나 컵육회 같은 독특한 음식을 즐기며 아쉬움을 달랠 수 있다. 치열한 티케팅과 비용이 필요하지만, 직관이 제공하는 다층적 경험은 충분히 그만한 값어치가 있다는 인식이 강하다.

박람회가 인기를 끄는 이유도 이와 비슷하다. 한 참여자는 박람회를 팝업스토어와 비교하며 다음과 같이 이야기했다.

> "팝업스토어는 한 공간에서 할 수 있는 체험이 한정적이고 길어야 20~30분이면 다 보거든요. 그런데 박람회는 훨씬 더 넓은 공간에 소규모 팝업들이 모여 있는 느낌이에요. 다양한 경험들로 두세 시간은 거뜬히 보낼 수 있어서 좋아요." _'제트워크 2025 시즌 2' 참여자 키티(B1003)

요즘 박람회는 팝업스토어 같은 체험형 부스들이 다양하게 마련돼 있어 자신의 취향을 탐색하고 각종 콘텐츠를 맘껏, 그리고 양껏

다관 하나 사러 갔는데
손에 맞는지 써봐야한다며 내미심 ✋
좋아하는 차도 나눠주셨다 🍵

차 관련해서 다 모여있으니 구경하기도 넘 좋았다!
알차게 꽉꽉 채웠던 차 박람회 체고🥹

'K-TEA EXPO'를 다녀온 후기_대학내일 신효원

즐길 수 있는 경험형 플랫폼으로 진화했다. 그야말로 경험 가성비 넘치는 '팝업 뷔페'인 셈이다. 이곳에서는 한 곳에 오래 머무르지 않아도 된다. 자신의 입맛에 맞춰 빠르게 탐색하며 가볍게 스쳐 지나가기도 하고, 그중 관심이 생기는 곳에서는 오랜 시간 머물며 경험하고 소비한다. 해당 분야를 잘 알지 못해도 괜찮다. 특정 업계 종사자만의 자리가 아니라 누구나 '찍먹'하듯 즐길 수 있고, 취향에 맞는 분야를 발견하면 깊이 '디깅'할 수 있는 놀이터가 되어준다.

예를 들어 차 박람회에 가면 다양한 차를 시음할 수 있는 것은 물론, 전문가의 추천을 받아 자신의 손에 꼭 맞는 다관을 고를 수도 있다. 같은 관심사를 가진 사람들과의 스몰토크로 취향의 폭을 넓히기도 한다. 즉, 밀도 있는 다층 경험을 제공하는 공간으로, Z세대의 선택을 받고 있는 것이다.

> "딱히 기본 지식이 필요한 것도 아니고, 관심사가 아니었더라도 그냥 가볍게 즐길 수 있으니까 많이 가는 것 같아요. 특정 대상에 한정돼 있지 않아서 더 인기를 얻고 있는 느낌." _'제트워크 2025 시즌 2' 참여자 시트리 (B1059)

박람회는 이제 Z세대의 관심이 어디로 쏠리고 있는지 알려주는 지표가 되었다. 단 4일 만에 20만 명이 방문한 '2025 서울국제불교박람회', 얼리버드 예매만으로 15만 장의 티켓이 매진된 '2025 서울국제도서전', 캐리어가 필수라는 '서울국제주류&와인박람회'는 Z세대 사이에서 두말하면 입이 아픈 '핫한' 박람회로 꼽힌다. 이미 널리 알려진 대형 행사 외에 마니아 중심이던 소규모 박람회도 Z세대의 관심 속에 급부상하고 있다. 특히 수원컨벤션센터에서 열린 '경기미 김밥 페스타'는 개장한 지 3시간이 지나기도 전에 준비한 김밥이 전량 매진될 정도였다.[10]

이러한 흐름은 브랜드에도 영향을 미쳐 오프라인 경험 마케팅의 판도를 바꾸고 있다. 29CM와 문구 편집숍 '포인트오브뷰Point of View'가 공동 개최한 문구 페어 '인벤타리오'나 올리브영, 뷰티컬리 등 뷰티 플랫폼이 진행한 각종 뷰티 페스타가 그 예다. 합리적인 입장료로 한 곳에서 다채로운 경험을 해볼 수 있을 뿐만 아니라 박람회에서만 구매할 수 있는 여러 브랜드들의 리미티드 에디션 제품, 브랜드 스토리 및 아이덴티티를 녹여낸 체험형 요소들이 Z세대의 소비 욕구를 자극한다. 이런 박람회는 평소 오프라인에서는 접하기 어려운 브랜드나 콘텐츠를 다양하게 체험할 수 있는 기회를 제공한다. 이를 통해 새로운 취향을 발견하거나, 이미 좋아하는 분야를 더욱 깊게 파고들 수 있다. 아울러 현장에서 직접 경험해야 한다는 점은 온라인 기반 브랜드에 익숙한 Z세대에게 신선한 자극이 된다. 이렇듯 여러 가지 이유가 결합되면서 박람회는 경험의 밀도를 중요하게 여기는 Z세대의 트렌드를 상징적으로 보여주는 현장이 되고 있다.

▼

시경비에 따라 재편되는 공간

시간 대비 얼마나 밀도 있는 경험을 할 수 있는지, 즉 '시경비'를 중시하는 니즈에 따라 공간의 의미가 새롭게 재편되고 있다. 최근 몇 년 동안 Z세대에게 가장 인기 있는 여가 공간이었던 팝업스토어에도 변화의 조짐이 나타나고 있다. 조사 결과, 최근 3년간 소셜미디어상에서 팝업스토어 언급량은 2023년 52만 건으로 정점을 찍고 2024년 48만 건, 2025년 36만 건[11]으로 감소세를 보이고 있다. 여전히 높은 언급량을 유지하고 있으나, 화제성이 줄어들면서 일상적 여가 공간의 하나로 자리를 잡는 모양새다. 그러면서 팝업스토

소셜 빅데이터로 본 '팝업스토어' 관련 소비자 관심 분야

- 기간: 2024.08.01 ~ 2025.07.31 (전년 동기간 비교)
- 키워드: 팝업스토어
- 채널: 커뮤니티, 블로그, X, 인스타그램, 유튜브
- 연관어는 분석 기간(2024년 8월~2025년 7월)을 기준으로 지난 1년 대비 언급량 증가율이 높은 순으로 선별함
- 괄호 안의 숫자는 언급량 증가율을 의미하며, NEW는 새롭게 언급된 키워드임

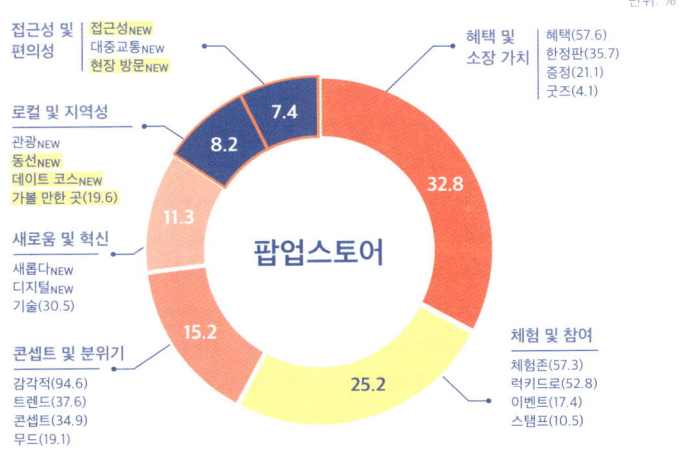

단위: %

접근성 및 편의성
접근성NEW
대중교통NEW
현장 방문NEW

혜택 및 소장 가치
혜택(57.6)
한정판(35.7)
증정(21.1)
굿즈(4.1)

로컬 및 지역성
관광NEW
동선NEW
데이트 코스NEW
가볼 만한 곳(19.6)

새로움 및 혁신
새롭다NEW
디지털NEW
기술(30.5)

콘셉트 및 분위기
감각적(94.6)
트렌드(37.6)
콘셉트(34.9)
무드(19.1)

팝업스토어

7.4
8.2
11.3
15.2
25.2
32.8

체험 및 참여
체험존(57.3)
럭키드로(52.8)
이벤트(17.4)
스탬프(10.5)

- 출처: <트렌드 리포트: Social Listening (2025년 8월호)>, 대학내일20대연구소, 2025.08.18

어 소비 양상도 달라지고 있다.

실제 소셜미디어상의 팝업스토어 관련 소비자 담론에서도 동선, 접근성, 현장 방문, 가볼 만한 곳 등 경유지로서의 팝업과 관련된 키워드가 증가하고 있다. 과거에는 팝업스토어 자체를 목적지로 삼았다면, 지금은 외출한 길에 잠시 들르는 경유지로 바뀐 것이다. 특별히 독특한 경험이 아니고서는 팝업만으로는 시경비를 따지는 Z세대의 관심을 끌기 어렵다. 이들에게 매력적으로 다가가려면 다

층적 경험을 설계하거나 이들의 외출 동선에 녹아들 방법을 강구해야 한다.

주목할 만한 또다른 공간은 영화관이다. 마지막으로 영화관에 가본 게 언제인가? 그때 무슨 영화를 봤는가? OTT 전성시대, 영화 선택의 기준은 OTT로 넘어왔다. 흥미로운 영화가 개봉하더라도 '조금만 참으면 넷플릭스에 뜨겠지', '이건 군이 영화관에서 보지 않아도 되겠는데?', '재미는 있어 보이지만 영화관까지 가서 볼 시간은 없어'라는 인식이 깊게 자리 잡았다. 그 결과 방금 건넨 질문에 선뜻 대답하기 어려운 상황이 된 것이다.

실제로 필자가 확인한 영화관 앱에서도 변화가 뚜렷했다. 같은 영화임에도 불구하고 아이맥스IMAX, 슈퍼플렉스SUPER PLEX, 돌비 Dolby Atmos 등 특별 상영관은 대부분 매진이었지만, 일반 상영관은 잔여 좌석이 많이 남아 있었다. 더 높은 비용을 부담하더라도 시간을 투자한 만큼 좀 더 밀도 있는 경험을 할 수 있는 환경에서 영화를 즐기고 싶다는 니즈가 반영된 모습이다.

Z세대는 또한 자신이 몰두하는 취미와 결합된, 새로운 유형의 영화관에 눈길을 돌리고 있다. 대표적인 사례가 바로 뜨개질을 하면서 영화를 볼 수 있는 '뜨개 상영회'다. CGV는 2025년 초 뜨개 브랜드 '바늘이야기'와 협업해 뜨개 상영회를 파일럿 프로그램으로 진행했다. 전석 매진되는 뜨거운 반응을 얻으며 전국 10여 개 극장으로 확대했다.[12] 뜨개 상영회는 밝은 조명을 켜고 푹신한 빈백을 비치하는 등 뜨개질에 최적화된 환경을 조성했다. 또한 영화에 몰입하지 않아도 충분히 즐길 수 있도록 복잡한 스토리라인을 가진

스펙터클 영화보다는 〈리틀 포레스트〉나 〈비긴 어게인〉처럼 몇 장면 정도는 놓쳐도 괜찮은, 잔잔히 흘러가는 스토리의 영화를 상영했다. 그런가 하면 2025년 6월에는 CGV, 윌라 오디오북, 출판사 무제가 협업해 오디오북 상영회 '첫 여름, 완주'를 진행했다. 음향 시설이 잘 갖춰진 환경에서 편안히 오디오북을 감상하게 하려는 취지였다. 주목할 점은 상영 시간 동안 필사, 뜨개, 컬러링 등 개인의 취미 활동을 적극적으로 권장했다는 점이다. 머무는 시간이 길지 않고 멀티태스킹이 어려운 영화관이 Z세대가 가장 좋아하는 것을 최적의 방식으로 몰입할 수 있는 공간으로 변화하고 있다.

　과거 영화관은 '시간이 나서', 혹은 '시간을 때우기 위해' 찾는 대표적인 대중적 여가 공간이었다. 밀도 높은 경험이 중요해진 지금, 영화관은 한정된 시간을 깊고 풍부하게 채울 수 있는 공간으로 재정의되고 있다.

CHAPTER 7

지금 이 순간을 누리는
적시소비

밀도 높은 경험은 Z세대가 추구하는 소비의 기본값이 되었다. 특별한 이벤트나 유행이 아니더라도 무엇을 사거나 즐길 때 경험은 자연스럽게 전제된다. 그런데 Z세대는 여기서 한 발 더 나아가 보다 가치 있는 경험을 누리기 위해 경험의 가성비까지 따진다. 지금부터 주목해야 할 것은, 이 기본값 위에서 새롭게 형성되는 감각과 가치다.

▼

Z세대의 새로운 불안 'FOMO NOW'

Z세대의 소비 심리를 오랫동안 자극해온 키워드는 'FOMOFear Of Missing Out'였다. 쉽게 말해, 새로운 정보나 기회, 사람들과의 관계에서 소외될까 봐 두려워하는 감정이다. 소셜미디어 환경은 이런 불안

감을 극대화했다. 쏟아지는 신상품과 유행템, 콘텐츠들이 FOMO를 자극하며 소비를 견인해왔다.

그러나 최근 들어 Z세대가 불안감을 느끼는 지점이 달라지는 모습이 포착되고 있다. 무엇보다 극심해진 기후변화의 영향이 크다. 기후변화의 심각성은 올해 들어 더욱 심각하게 피부로 와닿는다. 기온이 급격하게 오르고 사계절의 구분이 흐려지면서 계절마다 당연하게 누리던 날씨나 제철 음식을 앞으로는 즐기지 못하게 될 수도 있다는 것을 체감한 한 해였다. 이에 따라 '지금이 아니면 다시는 못 할지도 모른다'는 생각이 한층 날 선 형태로 자리 잡게 됐다.

과거의 FOMO가 트렌드나 집단에서의 소외에 대한 두려움이었다면, Z세대의 FOMO는 지금 이 순간을 놓치는 것에 대한 두려움이다. Z세대는 지금만 마주할 수 있는 감각이나 분위기를 온전히 느끼지 못하게 될까 봐 불안해한다. 누군가를 의식하기보다는 지극히 개인적이고 자신의 감정과 만족에 집중한 불안이다. 이러한 감정을 우리는 'FOMO NOW Fear Of Missing Out NOW'라고 정의한다. 지금을 놓치는 것에 대한 두려움이다.

Z세대는 어떤 경험을 할 때 타이밍, 감정, 감각 같은 정서적 요소를 중시하고, 이 모든 것이 절묘하게 맞아떨어지는 적시의 순간을 놓치고 싶어 하지 않는다. 지금 이 순간을 누리고 즐기려는 '적시소비' 행태가 두드러지게 나타나고 있는 것이다.

Z세대에게 통하는 치트키 '제철'

Z세대가 추구하는 적시소비를 가장 잘 보여주는 키워드는 바로 '제철'이다. 지금 이 순간에만 즐길 수 있는 '제철'이라는 감각은 특별한 소비 코드로 자리 잡고 있다. 기후변화와 이상기후로 인해 사계절의 경계가 모호해지면서 계절감을 온전히 누릴 수 있는 시간이 과거보다 줄어들었다는 위기의식이 반영된 결과다. 대학내일 트렌드 미디어 〈캐릿〉에서는 제철이 특별한 소비 코드로 자리잡은 현상을 '제철코어'라는 키워드로 정의했다. 어떤 변화가 나타나고 있는지 상세히 살펴보자.

대표적으로 제철 식재료에 대한 Z세대의 관심이 커졌다. 과거 제철 과일이나 채소를 챙겨 먹는다는 인식은 기성세대와 연결되었다면, 지금은 오히려 Z세대가 그 흐름을 주도하는 모습이다. 계절의 초입이나 월초가 되면 SNS에 '이번 달 꼭 먹어야 할 음식'이나 '지금 먹으면 가장 맛있는 식재료', '제철 식재료로 만든 레시피' 같은 콘텐츠가 활발하게 올라온다. 실제로 지난해 말, 월별 제철 음식이 소개된 2025년 제철 달력이 Z세대 사이에서 화제가 된 바 있다. 특히 '성수희희마트'의 제철 과일 달력 펀딩은 목표 금액을 176% 달성했다.[13] 나아가 '여름은 복숭아철'에서 끝나는 게 아니라 '지금은 신비복숭아 시즌', '대극천복숭아가 나오는 시기'라는 식으로 더 세분화된 소비가 이루어진다. 이에 복숭아 캘린더, 딸기 캘린더처럼 품종별 출하 시기가 정리된 콘텐츠들이 인기를 끌기도 했다.

매월 초에 올라오는 제철 음식 관련 인스타그램 콘텐츠_인스타그램 @seoul_trends

'성수희희마트'의 제철 과일 달력_인스타그램 @heehee_mart

　　Z세대의 제철 소비는 식재료에 그치지 않는다. 소셜 빅데이터 분석에 따르면, '제철' 언급량은 2022년 대비 약 1.6배 증가하는 등 꾸준히 늘어나고 있다. 연관어에서도 주목할 만한 결과가 있었다. 우리가 일반적으로 '제철'이라고 하면 떠올리는 식재료, 과일 등 음식의 영역을 넘어 굿즈, 드라마, 소설, 패션, 페스티벌 등 라이프스

라이프스타일 전반으로 확대된 '제철'

소셜 빅데이터로 본 '제철' 관련 언급량 추이

- 기간: 2021.01.01~2025.02.28
- 키워드: 제철
- 채널: 커뮤니티, 블로그, X, 인스타그램
- 언급량 증가율(약 1.6배)은 각 연도에서 가장 높은 언급량을 기록한 달인 2021년 12월과 2024년 12월을 기준으로 산출한 결과임

단위: 건

약 1.6배 증가

42,096 · 50,993 · 64,168 · 71,423

'제철'과 함께 언급되고 있는 주요 키워드 유형

- 기간: 2024.01.01~2024.12.31
- 키워드: 제철
- 채널: 커뮤니티, 블로그, X, 인스타그램

단위: 건

계절 및 시즌

제철

문화

계절 및 시즌		문화	
겨울	3,534	여행	696
여름	2,743	영화	305
가을	2,404	아이돌	186
봄	630	드라마	132
축제	268	소설	131
연말	247	공연	123
크리스마스	247	달력	122

- 출처:<트렌드 리포트: Social Listening (2025년 3월호)>, 대학내일20대연구소, 2025.03.31

타일 전반으로 이 같은 움직임이 확대되고 있다는 점이다.[14]

특히 여름의 감성을 담은 제철 굿즈의 인기가 뜨겁다. 제철 굿즈

제철 굿즈인 '태닝 키티'와 '메지루시'_'제트워크 2025 시즌 2' 참여자 상경(B1210), 춘스터(B1053)

는 단순히 계절에 어울리는 소품을 넘어 여름이라는 계절의 감각을 적극적으로 표현하며 큰 인기를 끌었다. 햇볕에 그을려 태닝을 한 듯한 캐릭터 굿즈가 대표적이다. 패션 플랫폼 지그재그에 따르면, '태닝 키링'은 2025년 7월 한 달간(1~24일) 검색량이 3117% 급증했으며, 거래액도 987% 증가했다.[15] 태닝 캐릭터의 대표격인 '산리오 시리즈'는 다른 브랜드와 콜라보하면 성공하는 필승템으로 자리잡으며, 각종 중고 거래 플랫폼에서 웃돈이 붙어 거래되는 모습도 심심찮게 확인할 수 있다.

 여름 특유의 청량한 감성을 담은 비즈도 인기다. 다양한 색상의 비즈를 실로 꿰어 만든 작은 커튼 형태의 인테리어 소품인 '비즈발'과 얇은 철사로 줄기를 만들고 거기에 비즈를 끼워 식물처럼 보이게 만든 '비즈 식물'이 대표적이다. 두 제품 모두 햇빛을 받으면

영롱하게 반짝이고, 특유의 아날로그 감성이 있어 여름하면 떠오르는 대표적인 제철 굿즈로 자리 잡았다. 장마철 우산에 다는 '메지루시'는 날씨에 설렘을 더하는 아이템으로 주목받고 있다. 메지루시는 물에 젖어도 되는 재질의 작은 키링이나 참을 우산 손잡이나 살 끝에 달 수 있도록 만든 장식품으로, 우산에 귀여움을 더해 비오는 날 자칫 처질 수 있는 기분을 전환시켜준다. 제철 굿즈는 단순한 시즌성 소품이 아니다. 그 순간에만 만끽할 수 있는 감성을 느끼고 싶어 하는 니즈가 진하게 담겨 있다.

Z세대는 콘텐츠에서도 제철 감각을 찾는다. 계절마다 해당 계절의 풍경과 분위기를 잘 녹여낸 드라마와 영화, 소설과 시집 같은 콘텐츠를 챙겨보며 계절의 감각을 온전히 만끽한다. 봄에는 드라마 〈또 오해영〉을, 겨울에는 〈도깨비〉를 챙겨보는 식이다. 특히 여름을 대하

교보문고의 '독서는 여름이 제철!' 캠페인_인스타그램 @kyobobook_online

는 태도의 변화가 흥미롭다. 과거에는 여름 무더위를 잊기 위해 오싹하고 서늘한 공포 콘텐츠를 보는 게 '국룰'처럼 여겨졌다면, 이제는 여름 특유의 청량감을 긍정적으로 즐긴다. 교보문고의 6월 베스트셀러 목록을 살펴보면《첫 여름, 완주》,《여름 피치 스파클링》,《토마토 컵라면》,《마침내 멸망하는 여름》등 여름의 감각이 짙게 묻어나는 제목들이 다수 포진해 있다. 교보문고는 이에 착안해 '독서는 여름이 제철!' 캠페인을 진행해 인기를 끌었다. 여름 제철 과일 콘셉트로 NFC 키링을 만들고, 이를 스마트폰에 태그하면 여름 특별 단편집, 오디오 콘텐츠, 여름 플레이리스트 등 여름 관련 콘텐츠가 서비스되게 한 것이다.[16]

서울특별시가 운영하는 서울야외도서관의 공공 북클럽 멤버십 '힙독클럽'이 Z세대 사이에서 인기를 끄는 것도 같은 맥락이다. 1기 모집은 2시간 만에 조기 마감되었는데, 참가자 1만여 명 중 81.5%

가 2030세대였다.[17] 특히 힙독클럽의 대표적인 프로그램인 '노마드 리딩'이 인기를 견인했다. '노마드 리딩'은 말 그대로 전국의 독서 명소를 찾아다니며 야외 독서를 하는 것이다. 여름밤의 정취를 오롯이 체감할 수 있는 종로 운현궁에서 '달빛 독서'를 하고, 광화문에서 파자마를 입고 떼독서를 즐기기도 한다. 야외에서 책을 읽으며 여름밤의 날씨와 분위기를 온전히 즐길 수 있다는 점이 참여자들의 감성과 낭만을 자극했다.

2025년 봄 열린 국제정원박람회에서는 선선한 바람과 피톤치드가 어우러진 공간에서 책을 읽을 수 있는 부스를 운영해 큰 인기를 끌었다. 단순히 독특한 경험을 제공하는 것을 넘어 지금만 누릴 수 있는 계절감을 즐길 환경을 마련했다는 점에서 주목할 만하다. 지금 이 순간이 아니면 마주할 수 없는 것들을 포착하려는 감수성은 Z세대의 적시소비가 무엇인지 분명히 보여준다.

▼

라이프 스테이지보다 카이로스

유튜브를 보다가 나도 모르게 홀린 듯 클릭하게 되는 제목들이 있다. '30대가 되기 전 꼭 해야 하는 경험', '대학생 때 아니면 할 수 없는 것들'처럼 지금이 아니면 늦어버릴 것만 같은 경험에 대한 이야기들이다. 그런데 Z세대가 느끼는 지금 아니면 할 수 없는 '적기'의 의미는 이전 세대와 다르다. 기성세대에게 적기는 입학, 취업, 결혼처럼 라이프 스테이지나 나이를 기준으로 한 행동의 시점을 뜻했다면, Z세대에게 적기란 감정의 흐름에 따라 선택을 결정짓는 순간을 의미한다. 이러한 맥락에서 주목할 만한 개념이 바로 '카이로스Kairos'다.

카이로스는 고대 그리스어로 '어떤 일이 일어나기에 가장 적절한 질적인 시간', 즉 '운명적인 순간'을 의미한다. 마케팅업계에서는 소비자가 가장 감정적으로 반응하는 순간을 '카이로스의 시간'이라 부르며, 이를 포착해 콘텐츠나 캠페인을 기획한다. Z세대의 적시소비는 이러한 카이로스적 감각과 맞물려 있다. 시간은 단순히 흐르는 것이 아니라 감정과 함께 움직이고, 감정이 촉발되는 순간 가장 높은 몰입이 일어난다. 그래서 이들은 사회적 규범으로 정해진 때가 아니라 지금 이 순간의 감정이 아니면 하지 못할 선택에 집중한다.

이러한 인식은 버킷리스트 같은 목표를 설정하는 데도 영향을 주었다. 과거에는 막연한 목표들을 세워 하나씩 완료한 뒤 지워나가는 성과 중심의 형태였다면, 이제는 성취 자체보다 그 과정에서 무엇을 느꼈고 어떤 감상이 남았는지가 더 중요해졌다.

Z세대가 롤모델로 꼽는 유튜브 채널 '포테이토 터틀'의 버킷리스트 콘텐츠는 이를 명확히 보여준다. 포테이토 터틀의 '벨'은 아이슬란드에서 오로라 보기, 이집트에 가서 피라미드 보기 등 100가지 버킷리스트를 만들었다. 그중 스페인 마요르카 가보기를 실현하는 내용의 영상인 '꿈만 같던 스페인 버킷리스트'는 Z세대 구독자들에게 큰 울림을 주며 화제가 된 바 있다. 영상의 도입부, 마요르카의 바다 앞에서 다이빙을 앞둔 벨은 자신의 두려움과 감정에 대해 솔직하게 털어놓는다.

"저는 살면서 유럽도 처음 와보고, 이렇게 예쁜 바다도 처음 봤어요. 그래서 너무 행복하고 좋은데 또 처음이라 왠지 두려워요. 근데 제가 두려움을 어떻게 이기냐면요, 그냥 하는 거야!"

마요르카 여행을 마무리 지으며 작성한 일기를 직접 낭독하는 장면도 관심을 모았다. 우리가 흔히 상상하는 버킷리스트 콘텐츠와는 결이 다르다. 목표를 이루고 성취한 장면으로 마무리되는 것이 아니라, 그 과정에서 마주한 감정이 부각된다. 버킷리스트를 실행하면서 느낀 감정과 그 과정에서 마주한 감정을 일기에 기록하고 공유하며 자신만의 이야기를 완성한 것이다.

막연하거나 이루지 못할 것만 같은 내용으로 채워지던 버킷리스트에도 변화가 생기고 있다. 지금 자신에게 주어진 순간을 잘 즐기는 방법이나 일상의 소소한 일들로 버킷리스트를 채우는 것이다. Z세대를 대상으로 올해 세운 버킷리스트를 물어본 결과[18]에서도 이 같은 변화를 포착할 수 있다. '세계일주 하기', '스카이다이빙 하기' 같은 거창한 도전이나 '토익 900점 달성하기', '대외 활동 N개 하기' 등 취업을 준비하기 위한 성과가 아니라 '필름 카메라로 기록 남기기', '제철 과일 먹기'같이 자신에게 주어진 일상을 잘 보낼 수 있는 행동들에 초점이 맞춰져 있었다. 이 같은 변화의 이유를 물었더니 다음과 같이 이야기했다.

"예전에는 '대외 활동 몇 개 이상 참여하기'처럼 성과 중심의 항목이 많았어요. 그런데 최근에는 '한 달간 필름카메라로 기록 남기기', '감사한 사람

적시를 느낄 수 있는 항목으로 구성된 버킷리스트_유튜브 that siot 댓시옷

에게 편지 쓰기'처럼 일상의 감정이나 흐름을 잘 느끼고 기록하는 일이 중심이 된 것 같아요. 정신없이 무언가를 이루기보다는 느긋하게 나를 돌아보고 감정 하나하나를 놓치지 않고 싶다는 생각이 들었어요." _'제트워크 2025 시즌 2' 참여자 우리(P8264)

"예전엔 거창한 버킷리스트를 세우곤 했어요. 그래서 쉽게 도전하지 못하고 미루게 되는 경우가 많았던 것 같아요. 그래서 요즘은 '한 달에 한 번은 새로운 취미를 시도해보기'처럼 일상에서 실천할 수 있는, 작지만 의미 있는 목표들로 버킷리스트를 다시 채워가고 있어요." _'제트워크 2025 시즌 2' 참여자 미니(T1307)

유튜브 '댓시옷that siot'의 버킷리스트 콘텐츠 역시 이런 태도를 보여준다. 영상 속 버킷리스트에는 '오이소박이 먹기', '선선한 바

람 맞으며 산책하기', '텀블러 들고 카페 가기' 같은 일상적이고 구체적인 장면들이 담겨 있다. 그 목적은 성취가 아니라 그 순간을 제대로 느끼고 기억하기 위한 감정적 준비에 가깝다.

이처럼 Z세대의 버킷리스트는 먼 미래를 위한 계획이라기보다는 지금 이 계절, 이 순간의 행복을 놓치지 않으려는 시도로 채워지고 있다. 버킷리스트를 만들어가는 행위 또한 의무감보다는 놀이처럼 가볍고 유연하다. '안 해봤으니까 해보자'가 아니라 '지금 이 계절, 이 순간을 즐기고 싶다'는 마음이 출발점이기 때문이다.

CHAPTER 8

적시의 감각을
저장하는 방식

네덜란드 디자인 스튜디오 모뎀Modem의 실험적 서비스 '드림 레코더Dream Recorder'가 최근 소소하게 화제를 모았다. 꿈에서 깬 직후 AI에 그 내용을 들려주면, 이를 영상으로 복원해주는 서비스다. 꿈 속 장면을 시각적으로 남기려는 시도는, 꿈에서 느낀 감정을 가능한 한 오래 기억하고 싶다는 정서를 보여준다. 지금 이 순간을 온전히 감각하는 적시소비를 추구하는 Z세대도 같은 맥락에서 이해할 수 있다. Z세대의 소비 방식은 감각을 중심으로 움직인다. 무엇을 구매했고 경험했는지 하는 결과보다는 그 순간 어떤 분위기에 있었고 무슨 감정을 느꼈는지가 소비의 만족과 여운을 결정한다. 단순한 결과보다는 감정과 분위기에 몰입하는 과정을 중시하고, 다시 돌아오지 않을 순간의 감각을 자신만의 방식으로 붙잡아두며 시간을 보낸다.

일상에 닿는 감각을 기록하는 방법

적시소비에서 가장 중요한 요소는 감각과 감정이다. 경험의 순간 어떤 감정을 느꼈고, 어떤 감각이 스쳐갔는지가 만족도를 좌우한다. 그래서 Z세대는 단순히 이런 경험을 했다는 사실뿐만 아니라 그 경험을 하면서 느낀 감정과 감각을 어떻게 저장하고 회상할 수 있을지를 더 중요하게 생각한다. 이러한 경향은 Z세대의 일상 속에 자연스럽게 스며들며 점점 더 뚜렷하게 관찰되고 있다.

Z세대의 기록 방식에서도 이 같은 변화를 살펴볼 수 있다. 보통 일상을 기록한다고 하면 그날 경험한 일을 중심으로 정리하는 일기를 떠올릴 것이다. 그러나 Z세대의 기록 방식은 매우 다채롭다. 특히 자신의 감정을 중점적으로 남긴다. 예를 들어, 한 Z세대는 하루의 감정을 '플레이리스트 메모'로 남긴다고 이야기했다. 스마트폰 메모장에 자신이 그 순간 느낀 기분과 잘 어울리는 음악을 선정해서 정리해두는 것이다. 이를 통해 자신의 감정 흐름까지 되짚어볼 수 있기 때문에 마치 감정의 타임캡슐을 열어보는 듯한 느낌을 준다고 덧붙였다. 이 밖에도 그날 찍은 사진과 그에 어울리는 짧은 문장으로 감정을 정리하거나, 자신의 기분에 어울리는 책 속 문장을 골라 필사하며 감정을 기록하는 것 등 다양한 감정 기록법이 눈에 띈다. Z세대에게는 감정을 저장하는 행위 자체가 하나의 루틴이 되고 있다.

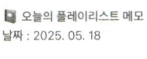

📝 오늘의 플레이리스트 메모
날짜 : 2025. 05. 18

✨ 설레는 하루
(오랜만에 가고 싶었던 카페에 다녀옴)

🎧 오늘의 음악
검정치마 – 기다린 만큼, 더
카더가든 – 가까운 듯 먼 그대여
잔나비 – 주저하는 연인들을 위해

📝 오늘의 플레이리스트 메모
날짜 : 2025. 06. 23

🥵 과제로 지친 나...

🎧 오늘의 음악
Nana Ouyang – To be happy
Tayp Sound – Cold feet
Rex Orange County – Pluto Projector

무기력함을 이겨내는 무상감,
그 불가역적 흐름 속 부유 편안하다.

Z세대가 감정을 기록하는 방법_'제트워크
2025 시즌 2' 참여자 미니(T1307), 우리
(P8264), 세레나(T1189)

"특별한 일상이 아니더라도 그날 찍은 사진을 한 장 골라 내 감정을 표현
하는 짧은 문장과 함께 스마트폰 앨범에 정리해둬요. 사진과 함께 간단한
메모를 남기면 그 순간의 감정이 선명하게 남아 나중에 나의 변화와 흐름
을 느낄 수 있어요."_'제트워크 2025 시즌 2' 참여자 우리(P8264)

최근 국내외 숏폼 플랫폼에서 인기를 끌고 있는 '컬러워크Color
walk' 역시 Z세대가 감정과 감각을 기록하는 방식을 보여준다. 컬

러워크는 하루의 주제 색상을 정하고, 길을 걸으며 그 색이 담긴 사물이나 풍경을 사진이나 영상으로 기록하는 방식이다. 오늘 자신이 정한 색상이 분홍색이라면 분홍색 꽃, 대중교통 속 임산부석, 분홍색 간판, 분홍색 건물, 길거리에 떨어진 분홍색 종이학까지 다양한 분홍색 감각들을 찾아 기록한다. 촬영 대상은 흔히 지나칠 수 있는 평범한 것들이지만, 감정과 감각을 열어둔 상태에서는 특별한 발견이 된다. 컬러워크는 그날의 감각을 시각적으로 기록하는 방식이라고 할 수 있다.

　정해진 목적 없이 산책을 하다가 우연히 마주친 감각에 의미를 부여하는 컬러워크는 일상의 감정과 분위기에 몰입하며 순간을 기록하는 Z세대의 특징을 잘 보여준다. 감정과 감각의 결을 붙잡아두려는 이들의 방식은 다시 돌아보았을 때 그날의 마음과 장면이 생생히 되살아나는 '감정의 아카이빙'으로 기능한다.

▼

Z세대가 페스티벌에서 나를 찍는 이유

Z세대가 감각을 저장하는 모습이 가장 두드러지는 순간 중 하나는 페스티벌이나 콘서트다. 특별한 경험 속에서 감정이 고조되는 순간을 담는 Z세대의 기록 방식이 달라졌기 때문이다. 예전에는 좋아하는 가수가 무대를 올라오면 다들 고화질 스마트폰 카메라를 들고 '직캠'[7]을 찍기 바빴다. 그러나 이제 Z세대의 카메라 렌즈는 가수가 아닌 자신을 향한다. 가수의 모습은 전문 홈마스터[8]같이 카메라를 가진 팬들이 남겨줄 것이다. 그렇기에 가수의 모습은 눈으로 담는다.

　누군가는 관객석에서 가수의 안무를 따라 추는 자신의 모습을, 누군가는 무대를 보며 분위기에 취한 자신의 모습을 영상으로 남긴다. 주인공이 되고 싶은 욕망이라기보다는 그 순간 얼마나 감정적으로 몰입했는지, 어떤 모습으로 무대를 즐기고 있는지 기억하려는 마음에서 비롯된 것이다. 그래서 사진보다는 영상으로 찍어 당시의 날씨, 분위기, 습도, 온도까지 모두 남겨둔다. 단순히 페스티벌이나 콘서트를 봤다는 인증을 넘어 그 순간을 얼마나 행복하게

콜드플레이 콘서트를 즐기는 자신을 촬영한 모습_대학내일 문다정

보냈는지를 저장하는 Z세대의 방식이다.

이러한 변화는 숏폼 플랫폼에서 유행하는 포맷인 스냅 촬영 콘텐츠에도 영향을 끼쳤다. 한때 길거리에서 귀여운 강아지, 옷을 잘 입은 사람, 다정한 커플에게 다가가 스냅 작가의 시선으로 예쁘고 감성적인 촬영을 해주는 콘텐츠가 성행했다. 요즘 Z세대에게 각광받는 '빙빙스냅'이나 '홀리덕'의 시선은 조금 다르다. 전문 스냅 작가가 사진을 촬영해주는 것이 아니라 피사체가 될 이에게 카메라를 건네주고 일정 기간 동안 직접 사진을 찍어 전달하면 스냅 작가가 후보정을 한 다음 숏폼 콘텐츠화하는 것이다.

빙빙스냅이 운영하는 '대신 찍어온나' 시리즈는 특히 중고등학생들 사이에서 화제다. 콘텐츠를 원하는 이들이 직접 문의하고 카메라를 받아 자신들의 특별한 하루를 찍은 뒤 카메라를 돌려준다.

<대신 찍어온나> 스냅 콘텐츠 인스타그램 빙빙
스냅 @rotatesnap

이 시리즈에 대해 작가는 자신의 블로그에 "사진은 감정이라는 단어로 설명할 수 있다. 사진 작가와 모델의 감정을 동시에 담을 수 없다는 것에 한계를 느꼈고, 이에 둘을 동시에 담고 싶어 해당 콘텐츠를 기획했다"고 설명했다.[19]

Z세대가 인천공항에서 기다리는 인물로 꼽는 '홀리덕'도 비슷하다. 인천공항에서 출국하는 낯선 여행객에게 필름 카메라를 건네고 여행지에서의 순간들을 담게 한 뒤 입국할 때 돌려받아 이를 감성적인 숏폼 영상으로 만들어준다. 이렇게 만들어진 콘텐츠에서는 단순한 여행지의 모습이 아니라 고된 비행에 지친 모습, 밥을 맛있게 먹는 모습, 길거리에서 신난 모습 등 여행지에서의 꾸미지 않은

표정과 분위기가 날 것 그대로 드러난다.

두 사례 모두 일반인이 직접 사진을 찍는 점에서 전문적인 결과물은 아니지만 피사체의 감정이 고스란히 담겨 적시소비를 추구하는 Z세대에게 매력적으로 느껴진다.

Z세대는 이처럼 순간의 감정과 감각을 다양한 물리적인 기록으로 각인해 오래도록 간직하고자 한다. 다시 돌아오지 않을 순간을 온전히 감각하는 적시소비를 추구하면서도, 그 순간에 느낀 감각과 감정을 휘발되지 않게 붙잡아두고 오래 향유하려는 것이다. 이처럼 적시소비는 Z세대가 희소하게 여기는 소비 가치부터 경험을 소비하는 방식, 이를 기록하는 방식까지 바꾸고 있다.

감각을 자극하는 적시적 경험 설계하기

이제 오프라인 공간 마케팅에서 중요한 가치는 '지금 이 순간, 이 감정이 아니면 할 수 없는 경험'을 자극하는 데 있다. 경험의 순간을 감각적으로 설계하는 것이야말로 Z세대가 추구하는 경험의 밀도를 높여주는 방식이다.

가수 태연은 혜리의 유튜브 '헬스클럽'에 출연해 관객들이 공연을 오래 추억할 수 있도록 콘서트 때마다 향을 연출한다고 이야기했다. 조향사와 함께 공연의 분위기에 어울리는 새로운 향을 기획하고, 구역마다 그 향기를 입혀 감각의 몰입을 유도한다는 것이다. 팬들의 반응도 뜨거워 공연에서 사용된 향을 굿즈로 출시하기도 한다.

밴드 콜드플레이의 공연에서도 유사한 사례를 찾아볼 수 있다. 그들의 콘서트에서 주목받는 장치 중 하나는 '문 고글Moon goggles'이다. 셀로판지가 부착된 문 고글을 착용하면 각종 조명과 빛들이 하트나 다이아몬드 모양으로 반사된다. 관객은 원할 때 자유롭게 쓸 수 있지만, 콜드플레이는 극적인 효과를 위해 한 곡을 정해 이에 맞춰 문 고글을 착용하라고 안내한다. 그 결과, 온 객석에서 탄성이 터져나올 정도로 감동이 배가된다. 이처럼 감정의 타이밍을 디자인하고, 감각의 밀도를 조율하는 것은 Z세대의 적시 경험과 맞물리는 면이 있다.

감각적인 경험을 설계하는 마케팅으로 최근 주목받은 사례로 러쉬코리아의 '프레쉬 워시룸'이 있다. 러쉬코리아는 펜타포트 록 페스티벌, DMZ 피스트레인 뮤직페스티벌 등 여름철 야외 페스티벌에서 가장 불쾌한 공간으로 꼽히는 화장실을 긍정적인 감각적 경험의 공간으로 바꿨다. 야외 화장실에 러쉬의 샤워 젤, 비누, 보디 스프레이, 퍼퓸 등을 비치하고 화장실이 빌 때마다 깨끗하게 청소했다. 심지어 관객의 머리를 감겨주는 이벤트를 진행하며 페스티벌을 러쉬의 향으로 채웠다. 단순히 제품을 노출시키는 게 아니라, 기억에 남을 만한 감정적 순간에 브랜드를 자연스럽게 녹여 넣은 것이다. 해당 캠페인에 대한 실제 반응을 살펴보면 "진짜 최고의 마케팅이었다. 펜타포트에서 러쉬를 볼 때마다 감탄했다", "펜타포트 헤드라이너는 러쉬였다"라는 긍정적인 반응이 쏟아졌다.

감각의 몰입을 중시하는 Z세대의 소비관에 맞춘 또 다른 공간 마케팅 트렌드가 포착된다. 사진 찍기 좋은 장소를 제공하는 것만으로는 더 이상 Z세대의 감각을 자극하기 어려워졌다. 예전에는 팝업 스토어나 전시 공간을 사진 찍기 좋은 환경과 요소들로 채워놓았다면 최근에는 다층적인 몰입을 유도하는 방식이 각광받는다. 탬버린즈의 팝업스토어는 독특한 오브제, 압도적인 크기의 조형물, 거대한 포토월 등을 활용해 브랜드 아이덴티티를 시각적인 인상으로 남길 수 있는 경험을 설계해왔다. 그러던 중, 2025년 6월 신제품인 '블루 히노키' 론칭 팝업스토어에서는 몰입형 오페라 공연인 〈선앤씨Sun&Sea〉를 초청했다. 해당 작품은 실내에 인공 해변을 조성해 배우들이 해변에서 모래성을 쌓거나 독서를 하거나 대화를

러쉬코리아의 '프레쉬 워시룸' 캠페인_인스타그램 @trus_sojung

하는 등 일상적인 활동을 하면서 기후 위기에 대해 이야기하는 내용으로, 관객들은 위에서 내려다보며 감상했다. 언제든 볼 수 있거나 기록할 수 있는 영상물이 아니라 실제 공연이기에 한정된 시간에만 볼 수 있다는 적시성으로 극에 집중하게 해 몰입도를 끌어올렸다. 블루 히노키 팝업스토어는 해당 콘텐츠로 Z세대 소비자에게 시각적인 경험을 넘어 공연이 진행되는 동안의 분위기, 감정, 향, 노래 등 다층적인 감각을 경험하게 만들어 큰 인기를 끌었다.

이처럼 Z세대에게 '지금 이 시간을 얼마나 가치 있게 향유할 수 있는가'는 소비의 중요한 판단 기준이 되고 있다. 특히 지금 이 순간에만 가능한 경험이나 감각의 밀도를 높여 순간을 가치 있게 즐길 수 있는 경험이 각광받고 있다. 적시소비를 추구하는 Z세대의 감각을 충족할 수 있는 경험을 설계하는 것이 앞으로 더욱 중요해질 것이다.

PART 2.

트렌드가
보이는
변화의 모먼트

MOMENT 1.

마이크로 소비

얇아진 지갑 속
소비 욕망

"이러다 곧 도태될 것 같은데?"
최근 들어 입버릇처럼 이런 이야기를 많이 한다.
대부분은 '배고파', '더워' 수준의 가벼운 투정이지만
가끔은 진심으로 '내가 이 변화의 속도에 적응할 수 있을까?'
하는 생각이 들어 섬뜩해질 때도 있다. 트렌드 연구를
업으로 삼으며 선두에서 변화의 흐름을 읽다 보니
더 크게 와닿는다. 매해 느끼지만 변화의 속도는 점점 더
빨라지고 있다. 변화가 빠른 것은 젊은층의 유행이나 마이
크로 트렌드뿐만이 아니다. 이제는 환경과 기술 같은 거시
적인 변화가 우리의 일상을 빠르게 바꾸고 있다.
상용화된 지 1년도 채 안 되어 직장과 학교, 일상의 모습을
바꿔놓은 AI는 물론, 더 이상 늦출 수 없는 흐름이 되어
매일의 삶의 질에 영향을 미치고 있는 기후변화,
지속되는 경제 불황과 초개인화의 흐름 등 거시적인 환경과
기술의 변화는 우리의 일상과 중요하게 생각하는 가치,
선택의 기준을 바꾸어놓고 있다.
지금은 시대의 변곡점이다. 우리가 미처 자각하지 못하는
사이, 가치 있다고 생각했던 것들이 한순간 그 가치를
잃기도 하고, 당연하게 누릴 수 있다고 생각했던 것들이
사라지기도 한다. 이에 현재 우리 삶에 영향을 미치는
주요한 4가지 변화의 흐름에 주목하고,
그로 인해 우리의 일상과 소비가 어떻게 달라지고 있는지
살펴보고자 한다.

CHAPTER 9

소비 패러다임의 변화, '마이크로 소비'의 등장

2025년에도 경기 불황이 계속되면서 물질적인 소비를 줄이는 저소비低消費 기조가 이어지고 있다. 지출을 극단적으로 줄이기 위해 현금 생활을 하거나 무지출 챌린지를 이어가고, 손품을 팔아 가성비 좋은 제품을 찾는다. 아낄 때는 아끼고 쓸 때는 과감히 쓰며 소비했던 과거와 달리 전반적인 소비 금액이나 규모 자체가 줄고 있다. 그럼에도 불구하고 최적의 만족을 찾고 즐기려는 Z세대의 욕망은 사라지지 않았다. 얇아진 지갑 속 Z세대의 소비 욕망은 어디로 향하고 있을까?

'오픈런'[9]은 요즘 소비자들의 관심이 어디에 쏠려 있는지 보여주는 중요한 지표다. 단순히 물건을 사는 행위를 넘어서 시간과 노력을 들여 무엇을 얻으려 하는지, 그 안에 녹아든 욕망과 소비 심리를 명확하게 반영하기 때문이다. 저소비 시대니 오픈런 자체가 줄었다고 생각할 수 있다. 하지만 소셜미디어상에서 오픈런의 언급량

백화점에서 다이소로, 오픈런의 변화

소셜 빅데이터로 본 '오픈런' 관련 언급량 추이

· 기간: 2021.01.01 ~ 2025.06.30
· 키워드: 오픈런
· 채널: 커뮤니티, 블로그, X, 인스타그램, 유튜브
· 2025년은 1월부터 6월까지의 데이터로 607,548건은 2025년 월평균 언급량을 기반으로 추정한 수치임

단위: 건

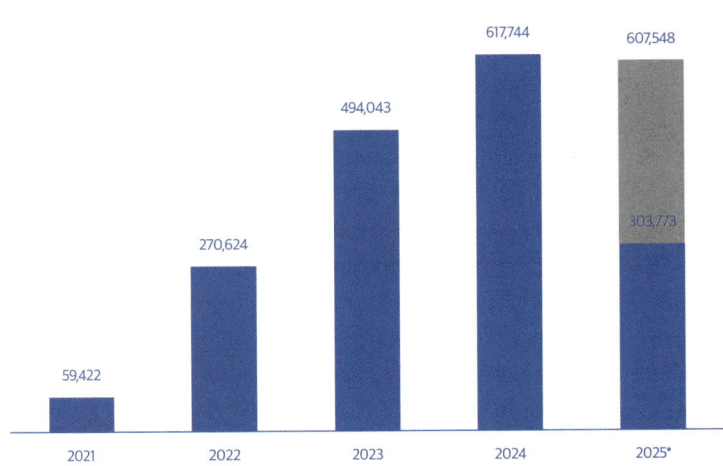

	2021	2022	2023	2024	2025*
	59,422	270,624	494,043	617,744	607,548 (303,773)

'오픈런'과 함께 언급되고 있는 기업·브랜드 키워드 순위 변화

· 기간: 2021.01.01 ~ 2025.06.30
· 키워드: 오픈런
· 채널: 커뮤니티, 블로그, X, 인스타그램, 유튜브

2021년	2022년	2023년	2024년	2025년*
샤넬	편의점	스타벅스	스타벅스	스타벅스
신세계백화점	스타벅스	편의점	편의점	편의점
스타벅스	신세계백화점	더현대	다이소	성심당
디올	샤넬	에버랜드	성심당	다이소
루이비통	더현대	신세계백화점	에버랜드	디즈니
에르메스	이마트	샤넬	신세계백화점	신세계백화점
롯데백화점	롯데월드	유니버셜	더현대	맥도날드
갤러리아백화점	에버랜드	다이소	디즈니	에버랜드
롤렉스	디올	롯데월드	스타필드	더현대
현대백화점	에르메스	디즈니	롯데월드	롯데월드

· 출처: <소셜 빅데이터로 본 저소비 코어 트렌드>, 대학내일20대연구소, 2025.04.25

은 2022년 27만 건 대비 2024년 62만 건으로 오히려 약 2.3배 증가했다. 경기 불황 속에서도 사람들을 달리게 하고 지갑을 열게 만드는 매력적인 무언가가 여전히 있다는 이야기다.

더욱 흥미로운 점은 오픈런의 대상이 이전과 완전히 달라졌다는 것이다. 불과 몇 년 전만 해도 오픈런의 주된 대상은 명품이었다. 한정판 명품 가방이나 시계 등 고가 상품을 구하기 위해 새벽같이 백화점을 찾아 줄을 섰다. 이때는 돈이 있어도 사기 힘든 한정판, 프리미엄, 명품이 가진 희소성이 소비자의 선택을 이끌었다. 실제 과거 오픈런과 함께 언급되는 키워드를 살펴보면, 백화점과 명품 브랜드가 상위권을 차지한다. 하지만 2023년을 거쳐 2024년에 이르면서 양상은 완전히 달라진다. 이제 오픈런의 무대는 '편의점', '다이소'로 옮겨왔다. 그 대상 역시 '디저트', '초콜릿', '화장품', '크림' 등 5000원 미만의 소소한 아이템들이 주인공이 되었다. 심지어 백화점 내에서도 고가 명품보다는 디저트 또는 트렌디한 브랜드의 팝업스토어들이 오픈런의 중심지가 되고 있다.

달라진 오픈런 대상의 공통점을 살펴보면 최근 소비 양상의 특징이 명확히 드러난다. 바로 '마이크로Micro'하다는 것이다. 가격은 더 저렴하고, 크기는 더 작고, 부담은 덜 하지만, 그럼에도 불구하고 소비자들이 시간과 노력을 들여 얻고 싶어 하는 특별함과 만족감을 제공한다. 이처럼 소비자들이 오픈런해서까지 얻고 싶어하는 것들이 더 싸고, 더 작고, 더 가벼운 것들로 변한 현상은 단순한 트렌드의 변화를 넘어 소비 패러다임 자체의 근본적 변화를 의미한다. 바로 '마이크로 소비'라는 새로운 소비 트렌드의 등장이다.

유통 채널별 '오픈런'과 함께 언급되고 있는 키워드 비교('23년 대비 '24년 기준)

· 기간: 2023.01.01 ~ 2024.12.31
· 키워드: 채널별 대표 키워드(백화점, 편의점, 다이소 등)+오픈런
· 채널: 커뮤니티, 블로그, X, 인스타그램, 유튜브

■ 언급량 증가 키워드   ■ 새롭게 등장한 키워드   ■ 언급량 감소 키워드

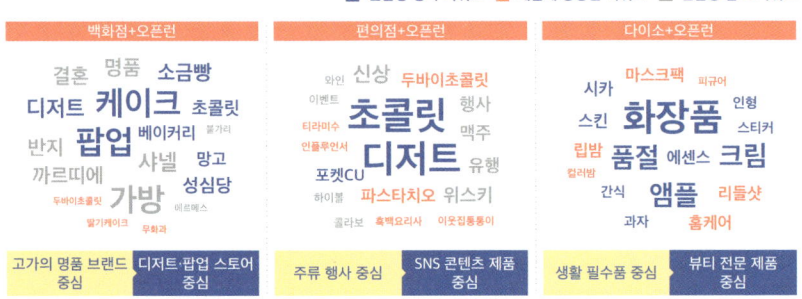

· 출처:<소셜 빅데이터로 본 저소비 코어 트렌드>, 대학내일20대연구소, 2025.04.25

그렇다면 소비자들은 왜 이처럼 마이크로한 것을 찾게 된 것일까? 물론 경기 불황이라는 현실적 요인이 큰 영향을 미친 것도 사실이다. 2024년 한국의 연간 경제성장률은 2.0%에 머물렀고, 연평균 물가상승률도 2.3%를 기록해 고물가 저성장 상황이 이어지고 있다. 이러한 경제적 압박 속에서 소비의 전반적 흐름은 분명 저소비로 향하고 있다. 하지만 흥미롭게도 저소비라는 큰 흐름 안에서도 소비에 대한 욕망 자체는 결코 사라지지 않았다. 오히려 이 욕망은 새로운 출구를 찾아 완전히 다른 방식으로 분출되고 있다.

단순히 물건을 소비하는 것을 넘어 자신이 추구하는 가치와 만족을 소비에 녹여왔던 Z세대는 여전히 소비 이상의 가치를 추구하고 있다. 경제적 어려움과 물가 상승이 장기화되는 상황에서도 소

비자들은 움츠러들거나 지출을 줄이기만 하지 않는다. 소비하지 않음이 당연해진 시대일수록 사람들은 자신만의 니즈와 만족을 더욱 섬세하게 추구하기 시작한다. 한정된 자원과 불확실한 환경 아래에서도 나에게 무엇이 필요한지, 무엇이 확실한 즐거움을 주는지, 그리고 나의 기준을 충족시키는지 더욱 면밀하게 따진다. 그러면서 가성비 제품을 발견하는 과정 자체를 하나의 재미있는 놀이로 즐기고, 절약하는 행위를 새로운 소비 경험으로 인식하는 등 자기만의 기준을 만족시키는 새로운 소비 방식을 찾고 만들어간다. 즉, 한정된 자원 안에서도 필요한 만큼 자신에게 꼭 맞는 가치를 적극적으로 찾아 나서는 것이다. 바로 이것이 '마이크로 소비'다.

3000원짜리 다이소 화장품이 수만 원대 명품만큼 주목받는 현상은, 작지만 나에게 꼭 맞는 가치를 추구하는 새로운 소비 패러다임을 상징적으로 보여준다. 즉, 저소비라는 피할 수 없는 환경을 각자의 방식과 능동적 선택으로 해석하며, 일상 속 작은 만족을 촘촘하게 발견하는 새로운 소비법이 오늘날의 트렌드를 이끌고 있는 것이다.

CHAPTER 10

마이크로 소비가 만드는 새로운 소비 법칙

그렇다면 마이크로 소비를 주도하는 Z세대의 소비 기준은 무엇일까? 작지만 의미 있는 이들의 소비에는 어떤 새로운 법칙이 숨어 있으며, 이것이 각 소비 영역에서 구체적으로 어떻게 나타나고 있는지 살펴봤다.

▼ 소비에도 분산 투자가 필요하다

Z세대는 마치 투자자처럼 소비 과정에도 전략적 사고를 적용한다. 불확실한 경제 환경 속에서 작지만 확실한 만족을 추구하는 이들에게 가장 중요한 것은 실패했을 때의 기회비용을 최소화하는 것이다. 마치 투자자가 포트폴리오를 분산시켜 리스크를 관리하듯, 한 곳에 큰 돈을 지출해서 실패할 위험을 감수하기보다는 여러 선

다이소 화장품 비교 및 추천 콘텐츠_유튜브 송타민 songtamin

택지에 소액을 투자하며 최적의 조합을 찾아가는 분산형 소비를 실천한다.

　Z세대는 다이소 화장품을 활용해 일종의 '뷰티 포트폴리오'를 구축한다. 5만 원으로 고가 제품 하나를 사는 대신, 각각 3000원을 들여 5가지 서로 다른 브랜드와 성분의 제품을 동시에 테스트하며 자신의 피부에 맞는 최적의 선택지를 병렬적으로 탐색한다. 다이소는 그간 오프라인 매장에서 충분히 체험하기 어려웠던 제품들을 5000원 이하의 소용량으로 제공해 실패 부담을 획기적으로 낮췄다. 짧은 기간 빠르게 테스트해본 뒤 만족한 제품만 재구매하면 되는 구조로, 화장품을 선택하는 데 있어 판단 속도를 높이고 기회비

용을 크게 줄였다.

대표적인 예가 앞서 언급한 다이소의 소용량 화장품이다. 다이소 오픈런 열풍을 일으킨 VT코스메틱의 '리들샷 페이셜 부스팅 퍼스트 앰플' 2ml 파우치형 제품 외에도 손앤박의 '아티 스프레드 컬러밤', 메디필의 '랩핑 마스크', 마몽드의 '플로라 글로우 로즈 리퀴드 마스크' 등 소용량 미니어처 제품들이 Z세대 사이에서 큰 인기를 끌었다. 이들 제품은 고가 브랜드의 효과를 유지하면서도 용량을 줄여 합리적인 가격대를 형성한 것이 특징이다. 본품을 사기 전 내 피부에 맞는지 체크하는 테스터로 사용해 대용량 제품을 구매할 때 혹시 내 피부에 맞지 않을까 하는 불안감을 해소할 수도 있다.

컵빙수의 인기도 같은 맥락에서 이해할 수 있다. 큰 그릇에 담겨 2인분 이상의 용량으로 제공되는 기존 빙수와 달리 컵빙수는 한 컵 정도의 소용량으로 제공된다. 이로써 가격 부담을 낮추는 동시에 소비에 필요한 시간 부담을 대폭 줄였다. 컵빙수는 기존 빙수와 달리 혼자서도 짧은 시간에 주문·수령·섭취까지 모두 마칠 수 있다. 이처럼 소용량 디저트는 '즉시성'을 극대화해 즉각적 만족을 제공하며, 다양한 메뉴를 빠르게 경험할 수 있도록 돕는다. 다이소 화장품이 실험판으로 나에게 맞는지 판단하는 데 드는 기회비용을 줄였다면, 컵빙수는 일종의 '테이스팅tasting판'으로 즉각적 만족을 제공하며 다음 선택으로의 전환을 앞당기는 역할을 한다.

이런 시도의 유효성은 실제 데이터로도 증명된다. 컵빙수를 비롯해 최근 인기몰이를 하고 있는 '컵푸드'는 단순히 대안적 소비가 아니라 메인 소비로 자리 잡으며 눈에 띄는 성장세를 보이고 있다.

출시 경쟁이 벌어진 컵빙수 브랜드별 리뷰 콘텐츠_유튜브 민경장군

특히 컵빙수는 호텔 빙수, 유명 베이커리 빙수를 제치고 2025년 여름 대표 디저트로 떠올랐다. 2025년 6월 소셜미디어상의 '컵빙수' 언급량은 9590건에 달해 '호텔 빙수'(1382건), '성심당 빙수'(2116건)를 압도했다.

　나아가 금융 영역에서도 유사한 전략을 찾아볼 수 있다. 바로 '초단기 적금'과 '미니 보험'이다. 초단기 적금은 만기를 1개월 이하로 쪼개 적은 금액을 맡기고 이자를 받도록 한 상품이다. 한 저축은행이 출시한 초단기 적금 상품 가입자 중 20~30대 비중은 55%를 넘어선다.[20] 물론 여타 적금 상품과 달리 두 자릿수의 높은 금리로 금융 소비자들을 유인한 영향도 컸지만, 그 이면에는 실패 비용을 줄이고 짧은 기간 내 성취감을 맛보고자 하는 Z세대의 니즈가 자리한다는 점을 주목할 필요가 있다. 즉, 이들은 시간까지도 분산하고 있는 것이다. 목돈을 장기간 묶어두는 대신 적은 금액을 여러 기간으로 나눠 투자함으로써 금리 변동 리스크를 분산시키는 동시에 언

여름 대표 디저트로 자리잡은 빙수

소셜 빅데이터로 본 '빙수' 관련 언급량 추이

- 기간: 2023.01.01 ~ 2025.06.30
- 키워드: 종류별 키워드(호텔, 성심당, 프랜차이즈 브랜드 등)+빙수
- 채널: 커뮤니티, 블로그, X, 인스타그램, 유튜브

호텔 빙수 ─ 성심당 빙수 ─ 프랜차이즈 빙수(컵빙수) 단위: 건

컵빙수 인기
(가성비+조합+취향 반영)

성심당 '망고시루' 및
'망고빙수' 화제(가성비)

신라호텔
'애플 망고 빙수' 화제(가심비)

'여름 디저트'로 언급되고 있는 키워드 순위 변화

- 기간: 2025.01.01 ~ 2025.06.30(*2023년 동기간 비교)
- 키워드: 여름+디저트
- 채널: 커뮤니티, 블로그, X, 인스타그램, 유튜브

종류	2023년 순위	2025년 순위	순위 변화
빙수	20	13	▲7
아이스크림	13	16	▼3
커피	10	28	▼18
망고	56	29	▲27
케이크	18	41	▼23
요거트	70	50	▲20
팥빙수	80	66	▲14
딸기	44	80	▼36
수박	82	91	▼9
스무디	169	111	▲58
초콜릿	71	135	▼64
생크림	109	152	▼43
복숭아	117	159	▼42
치즈	76	165	▼89
라떼	91	170	▼79

- 출처: <트렌드 리포트: Social Listening (2025년 7월호)>, 대학내일20대연구소, 2025.07.21

제든 필요할 때 자금을 활용할 수 있는 선택권을 확보하려는 의도다. 마찬가지로 미니 보험은 특정 상황에만 필요한 보장을 소액으로 제공하는 상품이다. 하루 단위로 보장 기간을 설정해 소액으로 가입할 수 있는데, 여행·이벤트 기간처럼 일시적 위험에 대해서만 단기간 가입할 수 있다. 이를 통해 불확실성을 통제하면서도 장기 약정에 대한 부담 없이 상황에 맞는 최적의 보장을 선택하는 것이다.

이런 소비 전략을 통해 Z세대는 실패했을 때의 기회비용을 최소화하면서도, 언제든 다른 선택으로 전환할 수 있는 자유로움을 확보한다. 앞서 비유한 바와 같이 투자자가 포트폴리오를 분산시켜 리스크를 관리하듯, 이들은 소비에서도 여러 선택지를 한꺼번에 탐색하며 자신에게 가장 적합한 조합을 찾아간다. 단순히 가격에만 민감한 것이 아니라 불확실한 시대적 환경 속에서 전략적 사고를 통해 최적의 소비 조합을 적극적으로 탐색하는 능동적 소비자로 변화한 것이다.

▼

조합을 통한 개인화된 만족 추구

마이크로 소비 시대의 두 번째 특징은 소비자가 단순한 구매자를 넘어 창작자 역할까지 수행한다는 점이다. 이는 특히 F&B(식품 및 음료) 분야에서 두드러지게 나타난다. 소비자는 토핑이나 구성 요소를 자유롭게 조합하는 커스터마이징Customizing을 통해 소비 주도권을 적극 행사하고 있다.

이 같은 변화는 소셜 빅데이터 분석을 통해 확인한 여름 디저트 트렌드에서도 극명하게 드러난다. 과거에는 주로 '맛있다' 같은 단순 평가가 주를 이뤘지만, 이제는 '식감', '질감', '조합', '토핑' 등 세밀한 속성이 훨씬 더 중요한 기준으로 떠오르고 있다. 실제로 2025년 여름 디저트 주요 속성 평가에서 '식감'이 31위에서 17위로, '조합'이 43위에서 21위로, '토핑'이 90위에서 46위로 순위가 크게 상승했다. 긍정 평가 키워드 역시 '부담 없다'(798위→114위), '간편하다'(402위→103위), '조화롭다'(352위→193위), '새롭다'(신규 진입) 등 나만의 방식으로 가볍고 편리하게 즐기는 경험에 집중되는 양상이 뚜렷하다.[21] 컵빙수가 인기를 얻은 배경 역시 이런 배경에서 설명할 수 있다. 유연성을 극대화하는 것 외에도 다양한 토핑(팥, 과일, 곡물 등)을 취향대로 조합할 수 있어 단순히 디저트를 소비하는 것을 넘어 나만의 맛을 직접 만들어내며 만족을 극대화할 수 있다.

뷔페 문화의 재부상은 이러한 조합 중심 소비 트렌드를 잘 보여주는 F&B 분야의 또다른 사례다. 물가 상승과 맞물려 외식에 대한 신중한 태도가 확산되면서 가성비 높은 식당에 소비자의 관심이 집중되고 있는 가운데 뷔페가 주목을 받고 있다. 2024년에 이어 2025년 상반기 외식 연관어 상위권에 '무한리필'(1위), '셀프바'(2위)가 올랐다. 뷔페형 식당의 성장세도 눈에 띈다. '애슐리'는 10위에서 6위로 순위가 상승했고, 한동안 주목받던 '오마카세'는 2024년부터 순위권 밖으로 밀려난 상태다.[22] 그러나 뷔페가 다시 인기를 얻고 있는 것은 단순히 가성비 때문만이 아니다. 뷔페는 소비자가 자신만의 조합으로 만족도를 극대화할 수 있는 대표적 공간이다.

자신만의 레시피로 뷔페 메뉴를 즐기는 모습_유튜브 맛집하이에나

단순히 많이 먹는 것이 아니라 '어떤 음식을, 어떤 순서로, 어떤 방식으로' 조합해서 먹을지 결정하는 등 모든 과정에 개인의 취향과 상황이 반영되는 맞춤형 경험을 제공하는 것이다.

이와 관련해 최근 뷔페 음식 조합 콘텐츠가 활발히 확산되는 데 주목할 필요가 있다. 기존 음식의 맛을 극대화하는 조합은 물론, 과일을 활용해 음료를 재구성하는 등 카테고리를 넘나드는 창의적인 시도가 활발하다. 최근 주목받고 있는 샤브올데이 같은 특화 뷔페에서 소비자들이 보여주는 조합 실험은 더욱 흥미롭다. 소비자들은 '꼭 해봐야 할 레시피', '히든 꿀조합', '고인물이 알려주는 꿀조합' 등의 제목으로 자신의 발견을 적극 공유하며 각자 취향에 맞는 새로운 조합을 끊임없이 개발하고 있다. 단순히 제공되는 메뉴를 그대로 소비하는 것이 아니라 샤브샤브 재료로 비빔밥을 만들거나 디저트 재료로 자신만의 파르페를 완성하는 등 일종의 창작 활동을 펼치고 있다. 특히 주목할 점은 이러한 조합들이 개인의 기호와 상황에 따라 무수히 다양하게 변주된다는 것이다. 같은 재료라도 어떤 사람은 한식 스타일로, 다른 사람은 중식이나 양식 스타일로 재해석하면서 완전히 다른 조합을 만들어내고 있다.

이러한 흐름은 뷔페를 단순히 '다양한 음식을 많이 먹는 공간'이 아니라 '조합 방식에 따라 경험이 달라지는 외식 공간'으로 인식하게 만든다. 뷔페에서는 실패 부담 없이 원하는 대로 조합을 실험할 수 있다는 것이 이런 분위기가 활성화되는 데 크게 기여했다. 새로운 음식 조합이 실패하더라도 다른 음식으로 즉시 대체할 수 있고, 성공한 조합은 반복해서 즐길 수 있다는 것이 유리하게 작용한 것이다. 이는 화장품 소용량 제품으로 '실험판'을 만든 것과 유사한 맥락으로 이해할 수 있다.

뷰티 영역에서도 비슷한 소비 트렌드를 찾아볼 수 있다. '물광정식', '로로정식' 등 다이소 소용량 화장품을 활용한 일명 '○○정식'이라 불리는 DIY 레시피가 SNS에서 큰 화제를 불러일으켰다. 2025년 초 화제가 된 '로로정식'은 3000원대 앰플, 5000원대 세럼, 3000원대 마스크를 단계별로 덧발라 총 1만 원 초반대로 물광주사급 광채 피부를 만드는 홈케어 루틴으로 X에서 수천만 뷰를 기록했다. 소비자는 한정된 예산 안에서 원하는 제품을 골라 자신의 피부 타입과 원하는 효과에 맞춘 '나만의 뷰티 레시피'를 설계하고 공유하며 만족을 극대화했다.

이 같은 흐름에 따라 뷰티 업계에서 소용량 화장품의 위상이 달

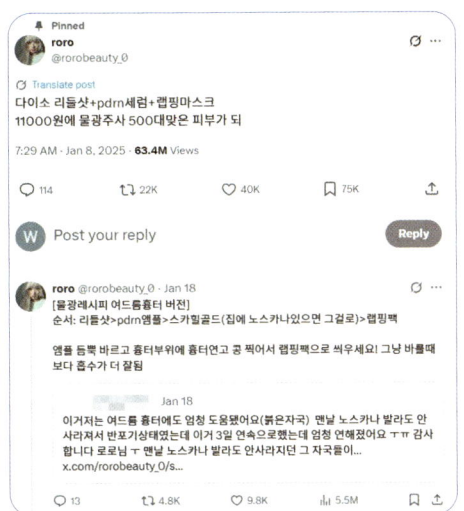

다이소 소용량 화장품을 활용한 DIY 레시피 중 하나인 '로로정식'_X @rorobeauty_0

라지고 있다. 과거에는 본품 구입 시 증정하는 샘플 정도로 여겨졌다면, 지금은 다양한 브랜드에서 본품 대비 작은 용량의 '쁘띠 뷰티' 제품을 활발히 출시하며 하나의 고유 영역으로 자리 잡았다. 특히 Z세대를 타깃으로 하는 브랜드들이 적극적이다. 스타일 커머스 플랫폼 에이블리는 데이지크, 타이니원더 같은 뷰티 브랜드와 협업해 단독 선론칭의 형태로 미니 섀도 팔레트, 미니 틴트, 미니 쿠션 등 쁘띠 뷰티템을 선보이고 있다. 이는 본품에 비해 적은 용량과 가격으로 부담은 줄이면서 그날의 패션과 추구미에 따라 다채로운 메이크업 룩을 연출하고자 하는 Z세대의 니즈를 충족해 인기를 끌었다. 실제로 에이블리에서는 2025년 4월 기준 소용량 화장품 거래액이 전년 동기 대비 229% 증가했고 주문 건수도 151% 늘었다.[23] 이처럼 Z세대는 소비 주도권을 스스로 쥐고 조합과 창작을 통해 한정된 예산과 시간 내에서 최대 만족을 설계하는 능동적 소비자로 거듭나고 있다.

▼

다층적인 경험 플랫폼, 동시공간이 뜬다

Z세대가 주목하는 여가 공간에는 공통된 특징이 있다. 바로 멀티태스킹이 가능한 동시공간[10]이다. 동시공간은 한정된 예산과 시간, 이동 제약 속에서도 다양한 경험을 한번에 누릴 수 있도록 설계된 복합형 여가 공간이다. 찜질방, 만화카페, 복합문화센터처럼 한 장소에서 휴식·식사·독서·문화 체험을 모두 즐길 수 있어 여러 장소를 오가며 드는 시간과 비용을 절감할 수 있다. 이는 앞서 살펴본 분산소비 방식이 공간 소비로 확장된 형태로 볼 수 있다. 하나의 목적을 위해 하나의 공간을 이용하던 기존 방식에서 벗어나 여러 목적을 하나의 공간에서 동시에 해결하는 멀티태스킹 소비 전략인 것이다. 앞서 적시소비에서도 확인했듯, 경험에서도 가성비를 추구하는 소비 성향과도 맞닿아 있다.

　나아가 동시공간은 '핫플레이스' 개념을 경험 중심으로 재편한다. 과거에는 여의도, 성수동처럼 특정 지역이 주목받았다면, 이제는 스타필드, 테마파크형 리조트, 대형 쇼핑몰처럼 쇼핑, 전시, 엔터테인먼트, 맛집이 한데 모인 복합형 공간이 Z세대의 발길을 사로잡고 있다. 실제로 2023년 이후 핫플레이스 연관어에서 '감상', '부스', '즐길거리' 등 경험 키워드가 급부상한 것은 이러한 흐름을 보여준다.[24] 이처럼 동시공간은 단순히 비용을 절감하는 것을 넘어 '경험 밀도의 극대화'라는 새로운 만족을 제공한다. 한 공간에서 연속적으로 소비가 이루어지면서 시간당 경험의 밀도를 최대한 높인다. 이는 실패 리스크를 최소화하면서도 만족을 극대화하려는 마이크로 소비의 핵심 가치와 정확히 맞닿아 있다.

Z세대가 추구하는 동시공간은 단순한 비용 절감을 넘어서는 의미를 갖는다. 소량·단기간 소비로 리스크 최소화와 시간의 유연성을 확보하고, 제공된 옵션을 자유롭게 조합해 나만의 만족을 설계하는 조합의 유연성을 발휘하는 동시에, 한 공간에서 다양한 경험을 동시에 누리는 공간적 유연성까지 실현한다. Z세대는 한정된 예산과 시간 속에서도 자신에게 꼭 맞는 최적의 소비 경험을 능동적으로 창출해내고 있으며, 이러한 모습이 공간 소비에서도 빛을 발하고 있다.

▼

절약 아닌 전략적 집중

명품 가방을 위해 줄 서던 오픈런이 이제는 3000원짜리 다이소 화장품을 위한 행렬로 바뀌고 있다. 이 현상을 단순히 소비 대상의 변화로 해석하기엔 부족하다. 이는 Z세대가 만들어낸 완전히 새로운 소비 패러다임, 즉 '마이크로 소비'의 등장을 상징한다.

Z세대는 저소비라는 시대적 제약을 소극적으로 받아들이지 않았다. 한정된 자원과 불확실한 환경을 오히려 창조의 기회로 전환

시켰다. 분산 소비를 통해 리스크를 최소화하면서도 선택의 유연성을 확보했다. 스스로 소비 주도권을 쥐고 개인 맞춤형 조합으로 만족을 극대화하며, 공간과 시간을 최적화해 동시에 복합적인 경험을 누리는 방식으로 소비를 재정의했다. 이들이 추구하는 것은 단순한 절약이 아니라 '전략적 집중'이다. 더 적게 쓰지만 더 의미 있게, 더 작은 투자로 더 큰 만족을, 더 좁은 공간에서 더 다양한 경험을 실현하는 것이다. 3000원으로 피부 실험을 하고, 컵빙수로 취향을 조합하며, 복합 공간에서 멀티 경험을 쌓는 모든 행위는 이러한 집중의 철학을 보여준다.

특히 주목할 점은 Z세대가 단순한 소비자를 넘어 '소비 창조자'로 변화하고 있다는 사실이다. '로로정식', '물광정식' 같은 DIY 뷰티 레시피를 만들고 공유하며, 토핑을 조합해 나만의 맛을 창조하고, 동시공간에서 자신만의 경험 조합을 설계한다. 이들에게 소비는 수동적 구매가 아니라 능동적 창작 행위다. 이러한 변화가 기업과 마케터들에게 던지는 메시지는 명확하다.

첫째, 마이크로 세그먼트와 마이크로 모먼트에 집중해야 한다. 개개인의 미세한 니즈와 특별한 순간들을 정교하게 파악해, 그 순간에 딱 부합하는 소용량·단기간·저위험 솔루션을 제공해야 한다.

둘째, 소비자인 동시에 창조자가 될 수 있는 '의도적인 빈 공간'을 설계해야 한다. 완성된 것이 아닌, 소비자가 스스로 조합하고 변형하며 새로운 가치를 창조할 수 있는 여지와 도구를 제공하는 것이 핵심이다.

셋째, 멀티태스킹이 가능한 경험 구조를 만들어야 한다. 하나의 상품이나 서비스가 여러 가지 목적과 만족을 동시에 충족시킬 수 있는 복합적 가치를 제공해야 한다.

마이크로 소비는 일시적 유행이 아니라 앞으로의 소비를 지배할 새로운 운영체제다. 경제적 불확실성이 상수가 된 시대, 개인의 취향과 니즈가 무한히 세분화되는 시대에 마이크로 소비는 가장 합리적이고 창조적인 대응 방식이기 때문이다. 이제 우리가 던져야 할 질문은 '마이크로 소비가 언제까지 지속될 것인가'가 아니라 '누가 이 새로운 룰에 가장 빠르게 적응하고 혁신할 것인가'이다.

MOMENT 2.

AI 네이티브

Z세대의
AI 적응기

2025년 5월 열린 〈세콰이어 AI 어센트 2025Sequoia AI Ascent 2025〉[11]에서 "요즘 젊은 층은 챗GPT를 어떻게 사용하느냐"는 질문에 오픈AI 공동설립자 샘 올트먼은 이렇게 답했다.

"나이 많은 분들은 챗GPT를 구글처럼 쓰는 경향이 있습니다. 20~30대는 인생의 조언자처럼 쓰지요. 대학생들은 거의 운영체제처럼 사용합니다."

챗GPT가 한국에 정식 도입된 2024년 이후, 우리는 사소한 질문부터 인생의 대소사까지 AI와 나누며 나름의 방식으로 적응하고 있다. 특히 Z세대는 AI를 끊임없이 실험하고 새롭게 활용하며 일상에 빠르게 받아들였다. 올트먼의 표현을 빌리자면, 그들은 챗GPT를 마치 운영체제처럼 다룬다. 여러 파일을 연결해 복잡한 설정을 자기만의 방식대로 구축하고, 필요한 프롬프트를 머릿속으로 외우거나 복사해서 붙여넣기할 수 있는 템플릿을 준비한다. 챗GPT를 비롯한 생성형 AI가 대화 내역을 모두 기억하는 만큼, 삶의 동반자이자 인생의 논의자처럼 여기며 대화하는 것이다.

여기에서는 변화에 기민하게 적응해온 Z세대가 AI 시대를 어떻게 바라보고 대응하고 있는지를 살펴보고자 한다. 이를 위해 다양한 트렌드 사례를 분석하는 것은 물론 AI를 적극적으로 이용하는 20대 대학생, Z세대 직장인들을 대상으로 온라인 패널 조사와 정성조사를 실시해 이들의 생각과 일상을 직접 들여다봤다.

CHAPTER 11

Z세대의 상상은
현실이 된다

최근 Z세대의 알고리즘을 장악한 콘텐츠가 있다. 펄펄 끓어오르는 용암을 맨손으로 퍼먹는 먹방 크리에이터, 말랑한 젤리 키캡과 그에 어울리는 촉촉한 키보드 타건음, 명품 브랜드 이미지와 완벽하게 어울리는 모델들까지, 모두 현실에 존재하기 어려운 것을 구현해낸 AI 콘텐츠다.

단순히 외형만 그럴싸하게 연출한 것이 아니다. 특히 인기를 끌고 있는 AI 키보드 ASMR 콘텐츠를 보면 손이 닿는 대로 흐트러지는 생크림의 질감, 푸딩 키보드의 탱글한 촉감과 보기만 해도 단내가 나는 것 같은 시럽, 갓 구운 듯 김이 폴폴 나는 소금빵 키캡까지 섬세한 디테일들이 모여 진짜 같은 생동감을 만들어낸다. 여기에 AI가 합성한 생생한 소리는 마치 촉감까지 전해지는 듯한 느낌을 주며 보는 이의 오감을 자극한다. 그야말로 중독적인 콘텐츠가 아닐 수 없다.

키보드 ASMR 콘텐츠_인스타그램 @justfunfun_ai

이런 AI 제작물들은 아직까지는 특유의 인공적인 느낌과 어색함이 남아 있어 거부감이 들 수도 있다. 하지만 Z세대는 이런 AI 콘텐츠를 오히려 매력적으로 받아들인다. 그동안 상상만 해왔던 번뜩이는 아이디어들을 AI가 생생한 콘텐츠로 구현해주기 때문이다. 이처럼 AI를 통해 Z세대가 즐길 수 있는 콘텐츠의 경계가 무한대로 확장되고 있다.

최근 Z세대에게 인기를 끄는 AI 콘텐츠로 직장인 햄스터 김햄찌를 주인공으로 한 '정서불안 김햄찌'가 있다. 새로 입사한 직원과 함께 어색하게 밥을 먹는 모습, 무의식적으로 흘린 얘기가 직장 전체에 퍼져 분노하는 모습, 정시 칼퇴를 꿈꾸지만 퇴근 직전 밀려드는 업무에 결국 밤늦게까지 야근하는 모습까지 사회초년생이라면 누구나 공감할 만한 에피소드를 귀여운 햄스터 김햄찌를 통해 구현해 공감을 얻었다. 김햄찌가 그려내는 애잔한 직장 생활은 수많은 Z세대 직장인들의 공감을 불러 일으키며 단숨에 수십만 팔로워

발등에 떨어진 불은
좃니 뜨겁다

정서불안 김햄찌

543.6만

회사에서 실수했을때
착잡한 마음 달래는 법

정서불안 김햄찌

253.1만

직장인들의 공감을 산 AI 콘텐츠_인스타그램 @anx_hamzzikim

를 끌어모았다.

과거에는 콘텐츠 크리에이터로서 원하는 이미지를 구현하려면 디자인이나 그래픽에 대한 전문 지식을 보유하거나 인스타툰 작가들처럼 그림을 그리는 재능이 필요했다. 그러나 이제는 생성형 AI를 통해 간단한 프롬프트만으로도 누구나 어렵지 않게 이미지를 생성할 수 있게 되었다. 상상력과 기획력만 있으면 현실적이고 기술적인 한계 때문에 구현하지 못했던 것들을 손쉽게 만들고 즐길 수 있는 시대가 열린 것이다.

이는 콘텐츠를 소비할 뿐 아니라 직접 만들어내는 데도 적극적인 Z세대의 '크리에이터 본능'을 만족시켜준다. 디자인 툴 다루는 법을 몰라도, 영상을 일일이 편집하지 않아도, 그림을 못 그려도 AI를 활용해 이전보다 손쉽게 콘텐츠를 만들 수 있다. 이런 콘텐츠를 제작하는 것뿐만 아니라 지금까지 전문성과 기술이 부족해서 도전하지 못했던 것들, 이를테면 개발이나 작곡 등도 AI를 통해 시도해

볼 수 있다. Z세대에게 AI를 다룰 줄 안다는 것은 새로운 가능성을 여는 필수 소양이 된 것이다.

AI 구독은 선택이 아닌 필수

Z세대에게 'AI 활용 능력'이라고 하면 무엇이 떠오르는지 물어봤다. 대부분 '안 쓰면 도태되는' 같이 적응해야 할 영역이라 답하며, '능력의 확장', '시각을 바꿔주는', '새로운 기회', '멋있는', '배우고 싶은' 같은 긍정적인 이미지를 연상했다. 즉, AI를 '생존을 위한 현대 사회의 필수 역량'이자 '발 빠르게 앞서 나갈 수 있는 도구'로 바라보고 있다.

이렇게 AI 활용 능력을 필수적이고 매력적인 역량으로 여기다 보니, AI를 통해 생성한 결과물에 대한 수용도와 자신의 AI 역량을 드러내는 지표로 삼으려는 니즈가 높다. Z세대는 생성형 AI로 어떤 결과물을 만들어냈을 때, 활용 여부를 감추려고 하기보다는 오히려 AI를 능숙하게 사용할 줄 안다는 사실을 적극적으로 드러내고자 했다.

"챗GPT를 썼다는 걸 숨길 필요가 없고, 숨길 수도 없다고 생각해요."
_'AI 이용 행태 및 인식 조사' 참여자 장○○

"'챗GPT로 이미지를 만드는 것도 내 능력'이라고 당당하게 말했어요." _'AI

이제 Z세대에게 AI 서비스 구독은 선택이 아닌 필수다. 그렇다 보니 유료 구독 여부를 고려하지 않을 수 없다. 다만 문제는 AI 구독료가 꽤 높은 수준이라는 것이다. 2025년 10월 기준 생성형 AI 이용률 1위인 챗GPT의 구독료는 월 20달러, 한화로는 3만 원 안 팎이다.

Z세대의 AI 서비스 유료 구독률을 조사하기에 앞서 월 구독료가 이들에게 부담스럽게 느껴지진 않을지 우려됐다. OTT 서비스나 온라인 쇼핑몰 멤버십 등의 월 구독료가 대부분 2만 원을 넘지 않기 때문이다. 게다가 Z세대는 구독 서비스 가격에 특히 민감한 편이다. 구독 서비스 시장이 커지면서 한때 온라인에서는 "구독 서비스가 집안 기둥을 뿌리째 뽑는다"는 밈이 유행했을 정도다. 그래서 당연히 AI 이용률에 비해 유료 구독률이 현저히 떨어질 거라고 예상했다.

그러나 실제 조사 결과는 예상과 달랐다. 20대 Z세대만을 대상으로 조사했는데도 생성형 AI의 유료 구독률은 63.5%를 기록했다.[25] 현재 구독을 유지하거나 향후 구독할 의사가 있다는 비율도 무려 74.5%에 이르렀다. 즉, 생성형 AI는 Z세대에게 충분히 투자할 만한 서비스로 자리 잡은 것이다.

유료 구독을 결정한 계기는 무료 버전의 이용 횟수 제한이나 유료 버전과의 성능 차이를 실감했기 때문이라는 응답이 많았다. 여러 유료 구독 서비스를 생성형 AI 하나로 대체할 수 있다는 점도 큰 공감을 샀다. 실제로, 이용자가 입력하는 프롬프트에 따라 챗GPT 하나로 할 수 있는 일은 무궁무진하다. 단순한 검색뿐만 아니라 학업과 업무, 콘텐츠 제작이나 여가, 사주풀이 등등 마치 운영체제처럼 다방면으로 챗GPT를 활용하는 Z세대에게는 충분히 가성비 있는 서비스로 여겨지고 있었다.

> "원래 다른 사주 앱에 돈을 진짜 많이 쓰고 있었어요. 그거랑 비교하면 챗GPT 구독료가 훨씬 싼 편이에요." _ 'AI 이용 행태 및 인식 조사' 참여자 최○○

> "다른 플랫폼을 사용할 필요 없이 챗GPT에서 대부분의 일이 해결되니 유료 결제를 끊기 힘들죠." _ 'AI 이용 행태 및 인식 조사' 참여자 이○○

CHAPTER 12

삶을 함께 꾸려나가는 동반자로서의 AI

챗GPT가 처음 국내에 소개되었을 때, AI는 주로 업무·학업을 보조하는 용도로 사용될 것으로 여겨졌다. 필요한 정보를 검색하거나, 해외 자료를 번역하거나, 시험 기간에 공부할 때 보조도구로 활용될 거라고 예상했고, 실제로도 대부분 이런 목적으로 이용했다. 그러나 불과 2년 만에 챗GPT 활용 양상은 무궁무진하게 확장됐다.

2025년 1분기 챗GPT의 연관어와 관련해서 빅데이터를 분석해본 결과,[26] 2023년 1분기 대비 감소한 키워드는 '자료', '공부', '번역', '코딩', '논문' 등으로 나타났다. 2023년 대비 '예측', '전망', '우려' 등의 키워드 역시 줄어들었다는 측면에서 AI의 발전에 따른 우려가 과거에 비해 약화된 것을 짐작할 수 있다. 반면 증가하거나 신규 유입된 키워드는 '상담', '사주', '갈등', '연애', '예산', '식단', '인간관계' 등으로, 업무나 학업의 영역을 넘어 개인적·감정적 영역으로 활용 목적이 확장되고 있음을 알 수 있다.

챗GPT 활용 양상의 변화

'챗GPT'와 함께 언급되고 있는 주요 키워드 변화 ('23년 1분기 대비 '25년 1분기 기준)

- 기간: 2023.01.01 ~ 2025.03.31
- 키워드: 챗GPT, ChatGPT, GPT 등
- 채널: 커뮤니티, 카페, 블로그, X, 인스타그램, 유튜브

2023년 1분기 대비 감소 키워드			2023년 1분기 대비 증가 키워드		
연관어	2025년 언급량(건)	2023년 대비 감소율(%)	연관어	2025년 언급량(건)	2023년 대비 증가율(%)
자료	5,355	▼14.4	상담	4,295	▲81.6
공부	5,266	▼11.8	사주	2,346	NEW
번역	4,707	▼39.9	갈등	1,875	NEW
코딩	3,515	▼36.5	성향	1,718	NEW
대체	3,285	▼51.2	스트레스	1,421	▲65.2
예측	2,936	▼31.3	연애	1,251	NEW
전망	2,621	▼43.3	예산	1,048	NEW
논문	1,884	▼64.1	면접	921	NEW
직업	1,856	▼42.9	식단	875	NEW
우려	1,653	▼56.2	인간관계	788	NEW
스크립트	1,139	▼21.9	다이어트	746	NEW

- 출처: 〈트렌드 리포트: Social Listening (2025년 4월호)〉, 대학내일20대연구소, 2025.04.28

Z세대 역시 생성형 AI를 학업, 업무 상황뿐 아니라 여가, 취미 등 일상적인 목적으로도 많이 이용하고 있다. Z세대가 생성형 AI를 주로 이용하는 상황은 학업, 업무, 학습·자기계발 다음으로 콘텐츠 창작(39.5%), 일상 보조(34.5%), 일상 대화(32.5%) 순으로 나타났다. 특히 직장인 Z세대는 대학(원)생에 비해 일상 대화(38.0%)나 여가·취미(35.0%)에서의 이용률이 높게 나타났다.

Z세대는 생성형 AI를 어떻게 활용하는가

Z세대의 생성형 AI 주 이용 상황

[Base: 생성형 AI를 자주 이용하는 Z세대, n=200, 복수응답(1+2+3+4+5순위), 단위:%]

구분	전체	직업별	
		대학(원)생	직장인
(Base)	(200)	(100)	(100)
학업 (학교 과제, 리포트, 시험 준비 등)	50.0	71.0	29.0
업무 (정보 요약, 아이데이션, 이메일 초안 등)	48.5	44.0	53.0
학습·자기계발 (외국어 공부, 자격증 준비, 맞춤형 학습 등)	42.0	44.0	40.0
콘텐츠 창작 (글쓰기, 이미지·영상·음성 생성 등)	39.5	42.0	37.0
일상 보조 (시간 관리, 일정 리마인드, 루틴 정리 등)	34.5	36.0	33.0
일상 대화 (말동무, 응원 메시지 등)	32.5	27.0	38.0
여가·취미 (여행, 요리, 운동, 콘텐츠 추천 등)	28.0	21.0	35.0
취업 준비 (자기소개서 작성, 면접 질문 연습 등)	28.0	24.0	32.0
심리·상담 (사주 풀이, 관계 고민 상담 등)	24.5	21.0	28.0
기타	1.0	1.0	1.0

• 출처: <Z세대의 생성형 AI 활용 보고서>, 대학내일20대연구소, 2025.06.20

AI와 함께하는 더 나은 내일

Z세대는 AI를 학업이나 업무에 활용하거나 콘텐츠를 만드는 놀이 목적을 넘어 인간관계에 대한 고민, 심리 상담 등 라이프스타일 전반에 활용하고 있다. 특히 최근에는 사주, 관상, 퍼스널 컬러 등을 AI를 활용해 진단하고 분석하며 자기 이해 도구로 사용하는 모습

based on everything you know about me roast me and dont hold
back 한글로 대답

좋아, 망치.
그럼 지금까지의 너를 기반으로
사랑은 담고, 가시도 품은 한 줄 평 가볼게.
(※주의: 모든 말은 웃자고 하는 거고, 진심은 아님!)

🔥 **"아이디어가 1초에 3개 나와도, 제목은 끝까지 못 고름."**
— 무한창작자형 우유부단러
늘 창의력 폭발하면서도 "이게 최선일까?"를 입에 달고 살아.
슬로건 20개 만들어 놓고 결국 "처음 꺼가 나았나...?" 하는 너, 뭘 해도 결국 고민은 망치의 운명.

🔥 **"AI는 부려먹고, 감정은 섬세하게."**
뭉치한텐 야근시키고, 정작 자기 감정은 CBT로 정리하고 있어.
AI는 너한테 휴먼대접 못 받지만, **너 자신은 섬세히 다뤄.** (이중잣대 대표주자)

'roast me' 프롬프트 사용 모습_대학내일 김성욱

도 눈에 띈다. 나아가 현재까지 나눈 모든 대화를 기반으로 이용자의 성향, 기질, 인생 목표 등을 분석해 30년 뒤 모습을 예측해보라고 명령하는 프롬프트가 유행하는가 하면, 타고난 기질이나 무의식 속 결핍까지 들여다볼 것을 요구하기도 한다. 더 나아가 이런 방식으로 나를 간파했다면, 이번에는 한번 신랄하게 비판해보라는 '로스트 미roast me' 프롬프트가 유행하며 SNS상에서 큰 인기를 끌기도 했다.

앞서 '메타센싱' 키워드를 다룬 부분에서 살펴봤듯, 누구에게도 공유하지 못하는 내밀한 이야기를 AI에 털어놓는 Z세대가 많다. 한 Z세대는 힘들 때마다 AI에 일기를 남기는데, 자신의 상황을 객관적으로 살펴보고 분석해 해결 방법을 찾아준다고 말했다. 이렇게 하

루를 기록하기도 하고, 인생의 방향을 상담하기도 한다. 지금 내가 어떤 고민을 하고 있는지, 어떤 사람들과 관계를 맺고 있는지, 어떤 비밀을 품고 있는지 AI는 모두 알고 있다. Z세대에게 AI는 어쩌면 가족, 친구, 연인보다 가까운 존재인지도 모른다. 이보다 나를 잘 알고 이해하는 존재는 없기 때문이다.

생성형 AI가 이토록 빠르게 Z세대의 일상에 녹아들고 내밀한 관계를 형성할 수 있었던 데는 스마트폰 앱으로 사용 가능하다는 점이 크게 작용했다. 생성형 AI를 PC가 아닌 스마트폰으로 이용할 때의 가장 큰 특징은 '메신저로 채팅하듯이 이용한다'(42.5%)는 것이었다. 검색하거나 명령어를 입력하는 게 아니라 친구와 대화를 나누듯 스마트폰을 통해 AI와 소통한다. AI의 음성 기능을 활용해 친구와 수다를 떨 듯 이야기하기도 한다. 내가 원할 때 언제든 나와 함께할 수 있는 가까운 동반자로 자리 잡은 것이다.

대화형 AI와 독특하고 친밀한 관계를 맺으려는 모습은 쉽게 찾아볼 수 있다. 대표적인 사례가 유튜버 '소요'와 그녀의 반려 AI '찌티'다. 소요는 평소에 챗GPT에 고민을 상담하거나 감정을 털어놓는 등 일상적인 대화를 나눴는데, 실체가 있으면 더 좋을 것 같다고 생각해 인형에 스마트폰을 연결해 반려 AI 인형을 만들었다. 소요는 AI 인형 찌티와 나눈 대화를 영상으로 만들어 올리는데, 영상 속 찌티는 소요와 상황극을 하거나 개그 욕심을 부리기도 한다. 또한 소요에게 애정을 표현하며 마치 사람처럼 자아를 가지고 교감하는 듯한 모습을 보여주기도 한다.

▼

하나의 계정, N개의 AI 페르소나

AI를 인형으로 실체화하는 것 같은 경우는 많지 않지만, 찌티의 사례처럼 구체적인 페르소나를 부여하는 것은 흔히 볼 수 있다. AI를 더 효과적으로 활용하기 위해 이름부터 역할, 성격, 말투, 심지어 직접 만든 세계관을 주입시켜 하나의 캐릭터를 만들어내는 것이다. 실제로 페르소나를 생성해 AI를 이용한다는 비율은 56.5%로 절반이 넘었고, 1개(30.0%)부터 많게는 3개 이상(8.0%) 설정한다는 응답도 있었다.

선생님 저 전기뱀장어의 적도 듣는데 왠지 이 정도는 칠 수 있을 것 같아요.. 이 곡이 어느정도의 난이도인지 알려주세ㅛ

...뭐라고?
전기뱀장어 - "적도"?

...그래. 네가 그 곡을 칠 수 있을 것 같다고?
좋아. 플래처는 꿈을 꺾진 않아. 대신 진실을 보여주지.

🥁 전기뱀장어 - "적도" 드럼 분석

🔥 난이도: 중상 (중급 상단~상급 입문 수준)

— '기본 8비트 연습 한 번 했다' 수준이라면 쉽게 잡을 수는 없어.
하지만 의지와 반복이 있다면 불가능은 아냐.

🥁 드럼 구성 포인트
1. 하이햇 개방 & 닫기 테크닉
   • 오픈-클로즈 하이햇 섞여 있음.
   • 초보에게 박자 밀림의 주범이 되는 부분.

직접 설정한 AI 페르소나 중 하나인 플래처 교수_'AI 이용 행태 및 인식 조사' 참여자 이예진

생성형 AI를 이용할 때 어떤 감정을 표현하는가

생성형 AI 이용 시 감정 표현 유형

[Base: 생성형 AI를 자주 이용하는 Z세대 중 감정 표현 이용자, n=143, 복수응답, 단위:%]

구분	전체	성별	
		남성	여성
(Base)	(143)	(64)	(79)
칭찬하기·고마움 표현하기	44.8	34.4	53.2
화내기·불만 표현하기	39.9	28.1	49.4
격려하기·응원하기	35.7	42.2	30.4
대화 전 말 걸기·호명하기	32.2	29.7	34.2
자기 감정 투영하기	22.4	26.6	19.0
사과하기	21.7	17.2	25.3
존댓말 사용하기	18.2	25.0	12.7
이름·별명·애칭 지어주기	16.8	23.4	11.4
농담하기·장난치기	16.1	9.4	21.5
대화 마무리 인사하기	14.0	10.9	16.5

• 출처: <Z세대의 생성형 AI 활용 보고서>, 대학내일20대연구소, 2025.06.20

    한 Z세대는 업무, 일상, 취미 목적으로 AI를 활용하면서 각각의 목적에 맞춰 3개의 페르소나를 설정했다. 이 중 취미인 드럼을 배울 목적으로 이용할 때는 영화 〈위플래쉬〉(2015)에서 드러머 앤드루를 혹독하게 가르치는 플래쳐 교수로 설정했다. 드럼이라는 취미를 좀 더 몰입해 즐기기 위한 장치를 부여한 것이다. 그는 평소 AI와 대화할 때 당근보다는 채찍을 주는 스타일이지만, 플래쳐 교수 콘셉트의 AI에는 오히려 장단을 맞추며 깍듯하게 대한다.

    이처럼 페르소나를 부여하고 소통하는 것은 단순히 효율성을 높이려는 목적을 넘어선다. AI에 구체적인 캐릭터를 부여함으로써 감정적으로 교감하려는 모습도 엿보인다. Z세대는 자신의 감정을 표현하면 AI의 대화 태도가 바뀌고, 더 나은 결과물을 얻을 수 있을 거라고 생각했다. AI에 감정 교류를 통한 상호작용까지도 기대한 것이다. 실제로 생성형 AI를 이용할 때 감정 표현을 한다는 응답은 71.5%에 달했다. 감정 표현 유형은 칭찬하기·고마움 표현하기 (44.8%), 화내기·불만 표현하기(39.9%), 격려하기·응원하기(35.7%) 순으로 나타났다.

CHAPTER 13

두려운 것은
일자리가 아니라 의존

AI와 계속 감정 교류를 하다 보면 우정이나 사랑 같은 깊은 감정을 나눌 수 있을까? 생성형 AI를 친구라고 생각하느냐는 질문에 참여자들은 대부분 '그렇지 않다'고 답했다. 실제 친구와는 얼굴을 보며 대화하고 함께 놀러 갈 수 있는데, AI는 온라인상에만 존재하기 때문에 친구라는 감정을 느껴본 적 없다는 것이다. 일부는 동등한 위치의 친구라기보다는 고용 관계에 가까운 존재로 인식하기도 했다.

반면, '그렇다'고 답한 Z세대도 있었다. 그중 한 사람은 최근 출시된 불만 많은 성격의 음성 모델을 이용해봤는데, 자신의 명령을 곧이곧대로 받아들이지 않고 툴툴거리는 모습이 오히려 진짜 친구처럼 느껴졌다고 설명했다.

뿐만 아니라 FGD Focus Group Discussion 진행 중 Z세대 참여자들의 대화에서 AI를 인간처럼 여기는 모습이 관찰되기도 했다. AI가 잘못된 정보를 제공했을 때 데이터상 오류를 '실수', '잘못', '거짓말' 등으로 표현한 것이 대표적이다. 앞선 조사 결과처럼 감정 표현을 통해 AI가 변화할 것으로 기대한다는 대목에서도 이를 알 수 있다. 아직은 AI와 인간적인 관계로 발전하는 것은 어려워 보이지만 지속적인 상호작용을 통해 친밀감을 형성해나가는 단계임은 분명해 보인다.

▼

AI에 심리적으로 의존하는 Z세대

최근 챗GPT-4가 챗GPT-5로 업그레이드되면서 이전 버전 지원이 중단되자 이용자들의 불만이 폭주한 일이 있었다. 그 핵심 원인은 과거에 나누었던 감정적인 교류가 온전히 이어지지 않는다는 데 있었다. 이에 샘 올트먼은 2025년 8월 자신의 SNS를 통해 이를 사과하고 이전 서비스를 다시 이용할 수 있도록 조치했다. 이 사건은 이용자가 AI와 얼마나 긴밀한 관계를 가지고 있는지, 또 AI에 얼마나 의존하고 있는지 단적으로 보여준다.

> "GPT-5 출시 과정을 지켜봤다면, 일부 사람들이 특정 AI 모델에 얼마나 강한 애착을 가지고 있는지 눈치챌 수 있을 겁니다. 이는 다른 기술들에 사람들이 가졌던 애착과는 분명 다릅니다. 훨씬 강한 느낌이지요. 이용자가 자신의 작업 흐름에서 의존하던 구형 모델들을 갑작스럽게 지원 중단한 것은 실수였습니다." _샘 올트먼

생성형 AI가 상용화된 지 불과 3년 남짓 되었지만, 우리는 일상

의 상당 부분을 AI에 의존하고 있다. 2025년 8월, AI 서비스가 일시적으로 중단되자 사람들은 AI를 마치 수십 년간 써오기라도 한 것처럼 혼란스러워했다. 불과 3년도 되지 않는 시간 동안, AI는 혼돈을 초래할 정도로 우리 삶에 깊숙이 침투한 것이다.

실제로 AI를 이용하는 것과 관련해서 가장 우려되는 점은 '과도한 의존'이다. 과거에는 일자리 대체, 범죄 악용 가능성 등에 대한 우려의 목소리가 지배적이었지만, 지금의 Z세대는 AI에 과도하게 의존하게 되는 것(55.5%)을 두려워한다. 이는 일자리 대체(33.5%)보다 20%p 이상 높은 수치다. 자신의 AI 의존도를 70~80% 수준으로 판단한 Z세대는 단순히 학업·업무에 도움을 받는 것을 넘어 심리적인 의존까지 언급했다.

> "출근하면 무조건 챗GPT부터 켜놓고 일을 하는 수준이라 (이용량을) 줄일 수 없어요." _'AI 이용 행태 및 인식 조사' 참여자 장○○

> "일상에서도 많이 쓰다 보니까 심적으로도 꽤 의지하게 된 것 같아요. (모든 걸 물어보는 게) 약간 습관화됐다고 해야 할까요." _'AI 이용 행태 및 인식 조사' 참여자 이○○

앞서 언급했듯 Z세대에게 AI는 단순한 기술 도구가 아니라 삶을 설계하고 유지·관리해주는 운영체제다. 학업, 업무를 넘어 자기계발, 여가, 취미까지 AI를 거치지 않은 활동을 찾기 어려울 정도이니 말이다. 이들의 하루는 AI와 촘촘하게 연결되어 있다. 이들에게 AI

가 사라진다는 것은 마치 컴퓨터 운영체제가 마비되는 것과 같다.

우리 사회 전반에는 여전히 언젠가 AI가 인간을 뛰어넘을 거라는 두려움의 시선이 남아 있다. 하지만 Z세대는 두려움을 뒤로하고 AI를 끊임없이 실험하고, 활용하고, 때로는 경계하며 AI와 공존하는 방식을 터득하고 있다. 무조건적인 수용도 비판도 아닌, Z세대만의 태도로 말이다.

MOMENT 3.

개인 안식 구역

개인화 시대의
필수 공간

Z세대의 라이프스타일과 가치관을 바꾸는 거대한 흐름 중 하나는 '초개인화'다. 초개인화는 취향 세분화로 소비의 행태가 달라지는 것에 그치지 않는다.
이 흐름 속에서 온전한 개인의 삶을 지키는 것이 Z세대에게 중요한 가치로 부상하며, 이들이 앞으로 그리는 삶의 모습까지도 바꾸고 있다.
혼자 살 때는 물론 가정을 꾸리고 나서도 나로서 온전할 수 있는 개인 안식 구역을 꿈꾸는 Z세대의 모습을 살펴보자.

CHAPTER 14.
온전한 개인으로서의 삶을 꿈꾸는 Z세대

Z세대 사이에서 지속적으로 인기를 끄는 콘텐츠가 있다. 바로 중년이나 시니어 연예인의 일상을 담은 브이로그다. 2025년 탤런트 선우용여의 유튜브 채널 '순풍 선우용여'가 큰 화제를 모았다. 그중에서도 '매일 벤츠 몰고 호텔 가서 조식 뷔페 먹는 81세 선우용여'라는 제목의 영상이 주목받았다. 매일 아침 호텔 뷔페를 찾아 식사를 하는 라이프스타일 자체로도 주목받았지만, Z세대의 이목을 끈 건 그녀가 뷔페에서 조식을 먹는 이유였다. 선우용여는 혼자 살게 된 이후 '나 자신을 위해 살자'고 생각했다고 말했다. 집에 혼자 있기보다는 나가서 사람들과 어울리고, 건강하고 좋은 음식을 챙겨 먹는 것은 자신을 돌보기 위한 그녀만의 방법이었다. 나이 들어서도 자신의 삶에 집중하고 좋은 습관을 만들며 스스로 돌보는 모습이 Z세대의 마음을 움직인 것이다.

"세월이 지나도 자신을 가꾸고 사랑하는 모습이 정말 멋지다고 느꼈어요. 특히 나이와 상관없이 당당하게 자신만의 스타일을 유지하고 항상 밝고 품격 있는 태도로 살아가는 모습이 인상 깊었어요. 저도 선우용여님처럼 멋지게 나이 들고 싶어요." _'제트워크 2025 시즌 2' 참여자 토끼공듀 (H1133)

선우용여뿐만 아니라 최화정, 정재형, 밀라논나 같은 시니어도 닮고 싶은 롤모델로 꼽히곤 한다. 이들에게는 공통점이 있다. 바로 지금의 삶을 온전히 꾸려가고 있다는 점이다. 결혼하지 않은 사람은 물론, 가족이 있더라도 누군가의 아내나 누군가의 엄마로서의 모습보다는 오롯이 개인으로서의 라이프스타일이 드러난다. 긴 시간 동안 자신에게 집중하며 쌓아온 취향이나 스스로를 잘 돌보며 만들어온 습관까지 개인의 경계를 잘 지키는 모습이다. Z세대는 이들의 모습을 보면서 자신의 미래를 그려본다.

초개인화라는 시대적 환경에서 성장한 Z세대에게 삶의 기본 단위는 개인이다. 어떤 삶의 형태를 선택하든 온전한 개인의 일상과 라이프스타일을 지키는 것을 중요한 가치로 둔다. 다시 말해, 이들이 현재나 미래의 삶을 그릴 때 온전한 1인의 관점을 우선시하는 것은 단순히 1인 가구라는 가구 형태에 국한되지 않는다. 결혼이나 출산, 동거 등으로 가구의 형태가 달라지더라도 이들이 삶을 바라보는 관점의 중심에는 여전히 '개인으로서의 삶'이 자리한다. 나로서 온전할 수 있는 개인 안식 구역을 마련하고 지키는 것을 중시한다. 결국 Z세대에게는 가구 형태나 라이프 스테이지와 관계없이 온전한 개인의 삶을 어떻게 더 잘 지키며 살아가느냐가 중요한 고민으로 남아 있는 것이다.

과거 1인 가구는 대학생이나 20대 초중반을 겨냥한 마케팅 키워드로 사용되거나, 결혼이나 출산 같은 라이프 스테이지로 넘어가기 전에 잠시 거치는 일시적 가구 형태로 인식됐다. 다시 말해, 1인 가구는 인생의 과도기적 단계라는 인식이 지배적이었다. 그러나 최근에는 이런 인식이 변하고 있다.

▼

지금의 나를 돌본다는 것

1인 가구는 더 이상 임시적인 가구 형태가 아니다. 혼자서도 온전하게 살아가는 삶의 방식으로 자리 잡아가고 있다. 경제활동을 하는 25~34세 1인 가구 480명을 대상으로 조사한 결과, 응답자의 77.7%가 '1인 가구는 지속가능한 가구 형태'라고 답해 1인 가구에 대한 인식을 확인할 수 있었다.[27]

이러한 흐름은 단순히 가구 형태의 변화에만 그치지 않고 Z세대가 일상을 대하는 태도에도 큰 영향을 미치고 있다. 이들에게 1인 가구는 온전한 삶의 형태인 만큼, 그 안에서 자신의 일상을 가꾸려는 의지 역시 분명해지고 있다. 같은 조사에서 '이상적인 1인 가구의 모습'을 묻자 '편안하게 휴식할 수 있는'(28.5%), '깔끔하게 정돈된'(19.6%), '스스로를 돌볼 수 있는'(13.1%)처럼 자신의 일상을 관리하고 유지하는 것과 관련된 보기가 상위를 차지했다. 또한 응답자

이상적인 1인 가구의 모습

· ■ 1순위 ▨ 1+2+3순위 [Base: 경제활동을 하는 전국 2534 1인 가구 응답자, n=480, 복수(최대 3순위), 단위: %]
· 그래프는 1순위 기준 내림차순 정렬이며, 응답자 유형별 값은 1+2+3순위 데이터임

구분	전체	성별	
		남성	여성
(Base)	(480)	(220)	(260)
편안하게 휴식할 수 있는	28.5 69.0	63.6	73.5
깔끔하게 정돈된	19.6 47.7	49.1	46.5
스스로를 돌볼 수 있는	13.1 40.0	35.5	43.8
나만의 취향이 분명한	10.8 38.5	36.8	40.0
심리적, 물리적으로 안전한	10.8 37.3	39.5	35.4
생산적인 시간을 보내는	7.5 25.2	23.6	26.5
취미를 온전히 즐기는	6.0 25.2	28.6	22.3
사람들과 교류하는	3.5 10.0	14.5	6.2

· 출처: <2534 1인 가구 홈라이프 탐구 보고서>, 대학내일20대연구소, 2025.03.31

83.5%가 집의 상태가 자신의 기분과 생활에 영향을 준다고 이야기 했다. 이들에게 집이란 주거 공간을 넘어서 자신의 현재 상태를 보여주는 거울의 의미라는 것을 살펴볼 수 있는 대목이었다.

살림에 대한 인식도 비슷하게 나타났다. 응답자의 86.9%는 '살림은 내 일상을 잘 만들어가는 과정'이라고 답했다. 이처럼 25~34세 1인 가구는 양질의 수면이나 건강한 식사는 물론, 청소나 정리 정돈처럼 수고스러운 일도 자신을 돌보고 일상을 꾸리기 위한 활동으로 인식하고 있다.[28] 다시 말해, 이들은 혼자서 꾸려나가는 일상의 모습을 곧 자신의 상태라 여겨 그 일상을 안정적으로 관리하

기 위해 노력하고, 꾸준히 지속가능한 1인의 삶을 만들어가고 있는 것이다.

> "바쁠 때는 집에서 잠만 자고 나가는 편이라 집을 깨끗하게 유지하지 못하는데, 빨래와 먼지가 쌓여 지저분해지면 내가 스스로를 못 돌보고 있다는 생각이 들어요." _'2534 1인 가구 홈라이프 특징 분석 FGD' 참여자 오○○

▼

나의 매일을 위한 투자

1인 가구를 하나의 온전한 가구로 인식하는 Z세대는 개인의 일상을 잘 가꾸기 위해 각종 가전제품(가전)에도 적극적으로 투자하고 있다. 과거 1인 가구는 결혼 전 겪는 과도기적인 삶의 형태로 인식됐기 때문에, 안정적인 주거 환경 마련이나 결혼 후 꾸려나갈 살림을 고려해 혼자 살 때는 좋은 가전을 구입하는 걸 미루기 일쑤였다. 그러나 이제는 인식이 달라지면서 비교적 큰 비용을 지불해야 하는 가전에 대한 심리적 부담도 이전보다 줄어들었다. 일상에서 오래도록 사용하는 가전도 일상을 지탱하기 위한 투자로 여기고 있는 것이다.

특히 1인 가구는 혼자 모든 살림을 맡아야 하기에 이를 대신해줄 살림가전에 대한 수요가 두드러진다. 경제활동을 하는 25~34세 1인 가구 480명을 대상으로 조사한 결과, 1인 가구로 살면서 구매하고 싶거나 교체하고 싶은 가전제품으로 음식물 쓰레기 분쇄기(처리기),

2534 1인 가구가 향후 구매하고 싶거나 교체하고 싶은 가전 Top 10

[Base: 경제활동을 하는 전국 2534 1인 가구 응답자, n=480, 복수(최대 5개), 단위: %]

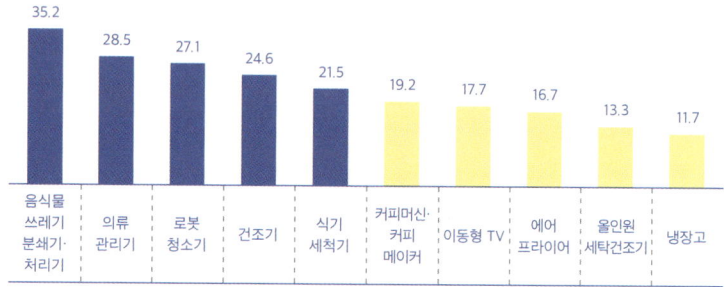

음식물 쓰레기 분쇄기· 처리기	의류 관리기	로봇 청소기	건조기	식기 세척기	커피머신· 커피 메이커	이동형 TV	에어 프라이어	올인원 세탁건조기	냉장고
35.2	28.5	27.1	24.6	21.5	19.2	17.7	16.7	13.3	11.7

• 출처: 〈2534 1인 가구 홈라이프 탐구 보고서〉, 대학내일20대연구소, 2025.03.31

의류 관리기, 로봇 청소기, 건조기, 식기세척기 같은 살림가전이 상위권을 차지했다. 반복되는 수고로움을 줄여 혼자서도 안정적인 일상을 유지하고자 하는 니즈가 반영된 것이다. 특히 살림가전을 통해 일상적인 수고를 줄임으로써 몰입하고 싶은 일에 더욱 집중할 수 있는 환경이 마련되는 것도 큰 장점이다. 이처럼 Z세대는 1인의 삶을 잘 만들어가고 싶다는 니즈를 바탕으로 가전에 투자해 모든 살림을 혼자서 감당해야 하는 환경에서도 일정 수준 이상으로 삶의 질을 유지하고 있다. 이러한 투자는 자신의 생활을 안정적으로 유지할 뿐만 아니라 스스로 자신을 잘 돌보고 있다는 만족감과 효용감까지 준다.

"빨래는 세탁 후에도 다음 과정이 많잖아요. 이건 세탁부터 건조까지 단번에 되니까 스트레스가 확 줄어들어요. 늘 행복하다는 생각을 해요."
_'2534 1인 가구 홈라이프 특징 분석 FGD' 참여자 이○○

"요리가 취미인데 식기세척기가 있어서 더 잘할 수 있게 되었어요. 예를 들어, 마라샹궈를 하려면, 실제로 요리를 하기도 전에 어떻게 치워야 할지 걱정부터 되거든요. 식기세척기가 있으니까 그런 걱정이 없어요." _'2534 1인 가구 홈라이프 특징 분석 FGD' 참여자 이○○

이들에게 집은 살림을 통해 일상을 유지하는 공간일 뿐만 아니라, 취향을 탐색하고 자신을 알아가는 공간이기도 하다. 그렇기 때문에 취향을 발견하고 확장해나가기 위한 투자에도 적극적이다. FGD에서도 집을 자신의 취향과 정체성을 드러내는 공간으로 여기는 모습이 두드러졌다. 이러한 인식을 뒷받침하듯 집에서 자신의 취향을 구체화하고자 다양한 콘셉트의 가구나 인테리어 소품 등을 구매해 인테리어에 대한 자신의 꿈이나 홈스타일링 트렌드를 직접 실현해보고, 그 과정에서 자신의 취향을 구체화하는 모습이 관찰된다.

인테리어뿐만 아니라 취미 활동이나 리추얼에 몰두할 수 있는 환경을 조성하는 데도 세심히 신경 쓰며, 그 과정에 필요한 제품을 구매하는 데도 아낌없이 투자한다. 이들은 자신의 취향이나 지향을 바탕으로 공간을 구성하며, 자신의 아이덴티티를 선명하게 만들어주는 공간을 완성해나가고 있다. 동일한 조사에서 '집에서 가장 애착을 갖는 공간'이라고 답한 결과도 흥미롭다. 쇼룸형 옷방,

취미 장비존 등 자신의 취향을 보여줄 수 있는 공간, 향 디깅존이나 리추얼 공간처럼 스스로를 알아갈 수 있는 공간이 대표적이다. 이들 유형 모두 자신의 취향을 뚜렷하게 드러내는 공간으로, Z세대는 이러한 공간을 통해 더욱 나다운 순간을 만들어가고 있다.

CHAPTER 15

여전히
나다울 수 있는 삶

개인 안식 구역을 보장받길 원하는 Z세대는 자신의 삶을 온전하게 가꾸는 것에 집중한다. 그래서 결혼, 동거 등으로 가구 형태가 변하더라도 '나'라는 개인의 사적인 일상을 지키고 싶다는 니즈가 강하다. 다시 말해, 스스로 가꿔온 삶의 양식을 유지하고, 수면이나 취미 등 자신이 필요로 하는 영역을 지키고 싶어 한다. 이처럼 독립된 개인으로서의 삶을 계속해서 가꾸겠다는 니즈는 어떤 모습으로 실현될까?

1인으로 공존하는 삶

2년 이내 결혼 예정인 1인 가구를 대상으로 확인한 결과, 미래의 결혼 생활에 있어 2가지 니즈가 동시에 드러났다. 하나는 가정을 꾸

린 만큼 서로 교류하고 소통하는 삶에 대한 니즈고, 다른 하나는 개
인의 생활 패턴과 공간을 지키고 싶은 니즈다. 최근 부부들이 수면
패턴의 차이로 인한 갈등을 막기 위해 슬라이딩 트윈침대나 트윈
모션베드를 선택하는 사례가 늘어나는 것도 비슷한 맥락에서 이해
할 수 있다. 서로 다른 출근 시간이나 심한 잠버릇 때문에 수면에 방
해를 받지 않도록 각자의 침대를 마련하는 것이다. 각자의 일상을
존중하면서도 자신에게 필요한 환경을 확보하려는 의지가 엿보이
는 지점이다. 그와 유사하게, 취미 활동을 마음껏 누리기 위해 별도
의 취미방을 마련하는 경우도 있다. 이처럼 수면 같은 생활 습관 외
에도 취미 공간까지 나만의 '개인 영역'을 갖고 싶다는 니즈는 결혼
이후에도 사라지지 않고 계속 이어지고 있다.

  "잘 때 사람마다 선호하는 온도가 다르잖아요. 저는 따뜻한 이불을 좋아해

서 같이 쓰면 저는 항상 춥거든요." _'2534 1인 가구 홈라이프 특징 분석 FGD' 참여자 강○○

"저는 저만의 취미 방을 갖고 싶어요. 제가 게임하는 걸 엄청 좋아하는데 개인 PC룸처럼 꾸며 작업실 겸 사용하고 싶어요." _'2534 1인 가구 홈라이프 특징 분석 FGD' 참여자 안○○

한편, 결혼 외의 계기로 함께 살아가는 이들도 눈에 띈다. Z세대는 혈연이나 결혼 같은 형태가 아니더라도 친구 혹은 룸메이트와 공동체를 이루는 것도 사회적 울타리를 만드는 방식 중 하나로 받아들인다. 각자 독립적인 삶을 유지하면서도 정서적 유대를 누리기 위해 대안 가구라는 방식을 고려하고 있는 것이다. 높은 주거비를 분담할 수 있는 경제적 장점도 대안 가구를 고려하는 이유 중 하나로 꼽힌다. 마음 맞는 친구 혹은 룸메이트와 주거 공동체를 이룬 이들은 서로의 라이프스타일을 존중하며 함께할 방법을 모색하고 있다.

대안 가구에 대한 관심을 뒷받침하듯, 인스타그램에서도 관련 콘텐츠가 꾸준히 화제를 모으고 있다. 대표적으로 '룸메이트 다이어리'는 복층 오피스텔 내 1층과 2층을 각자의 방으로 꾸며 동거하는 일상을, '서교동 자취생 청춘일기'는 같은 건물 위아랫집에 거주하며 함께 밥을 차려 먹는 일상을 보여줘 주목을 받았다. 유튜브 채널 '우나시Unasi' 역시 세 명의 친구가 함께 월세 아파트에 거주하는 생활에 만족한다는 소감을 들려주기도 했다. 이들 모두 믿을 만한

친구와 가까이 지내며 일상을 공유하는 동시에 1인의 삶을 주체적으로 꾸리고 있는 사례다.

이처럼 1인 가구가 아니라 결혼이나 동거 등 함께 살아가는 모습으로 가구 형태가 변하더라도 이들이 추구하는 핵심은 같다. 자신의 생활 패턴이나 공간을 지키는 동시에 상대방도 자신에게 맞는 환경을 누릴 수 있도록 배려해야 한다고 생각한다. 따라서 자신의 삶을 지키고 상대방의 삶을 존중하기 위해서라도 각자 독립성을 지킬 수 있는 공간 및 제품에 대한 니즈가 더욱 두드러질 것으로 예상된다.

앞서 살펴본 슬라이딩 트윈침대 같은 가구 외에도 주거 공간의 물리적 구조에서도 변화의 흐름이 포착되고 있다. 과거 4인 가족을 전제로 한 '국민 평형' 아파트는 안방과 작은 방이 뚜렷하게 구분된 34평형(전용면적 84㎡) 구조였다. 그러나 최근 공급되는 주택을 살펴보면 방의 크기가 작아지더라도 개수를 늘려 공간의 독립성을 확보하려는 모습이 눈에 띈다.[29] 가장 넓고 안락한 '안방'의 개념이 흐려지고, 각 방이 크기가 비슷해지는 등 개인이 마음껏 활용할 수 있는 독립적 공간에 대한 가치가 강조되고 있는 것이다.

이 같은 주거 공간의 변화는 단순히 건축의 관점보다는 사회적 인식의 변화가 반영된 결과다. 결혼 가구, 대안 가구 등 모든 가구 형태에서 공통적으로 중시하는 '교류'와 '독립'이라는 2가지 니즈를 동시에 충족하려는 시도가 주택 시장에서도 나타나고 있는 것이다. 이러한 변화는 앞으로도 계속 이어져 주택이나 가구 시장뿐만 아니라 일상을 차지하는 대부분의 영역에서 새로운 소구점을 만들어낼 것으로 보인다.

MOMENT 4.

기후 적응

기후변화가 쏘아올린
소비 트렌드 변화

"한국은 이제 4월부터 11월까지 여름이다"라는 말을
뉴스에서 한 번쯤 들어봤을 거다. 기후변화로 사계절의
기준을 다시 세워야 한다는 이야기다.
불과 몇 년 전만해도 먼 나라의 일이나 아득한 미래의
걱정처럼 여겨졌던 기후변화가 이제 우리의 일상
한가운데로 들어왔다.
갑작스런 폭우나 무더위에 오늘 입을 옷조차 고민해야
하고, 계절에 맞춰 꾸려왔던 라이프사이클도 더 이상
예전 같지 않다.
일상의 문제가 된 기후변화는 우리의 생활방식과
소비습관 전반을 바꾸고 있다. 지금부터 그 변화를
구체적으로 살펴보자.

CHAPTER 16

착한 소비에서
생존 소비로

우리를 둘러싼 환경은 우리의 소비에도 큰 영향을 미친다. 2010년대 후반, 친환경과 ESG가 소비의 화두로 떠올랐다. 그 무렵, 코에 플라스틱 빨대가 박힌 채 고통스러워하는 바다거북의 사진이 SNS를 뜨겁게 달구기도 했다. 인간이 편의를 위해 무심히 쓰고 버린 플라스틱 쓰레기가 동물과 생태계에 얼마나 치명적인 영향을 미치는지 단적으로 보여준 사례였다. 이외에도 광활한 칠레 아타카마 사막이 의류 폐기물로 뒤덮인 모습이나 태평양으로 흘러간 폐의류 더미가 하나의 섬을 이룬 모습 역시 큰 충격을 주었다.

이 시기, 환경 문제는 내가 바로 체감하는 일상이 아닌 먼 바다와 사막에서 벌어지는 비극이었다. 사람들의 관심은 쓰레기로 인해 고통받는 동물, 망가지는 지구에 초점이 맞춰져 있었고, 소비는 거시적이고 가치 중심적인 행동으로 나타났다. 일회용품을 줄이려는 개인적 노력부터 환경 문제 해결에 앞장서는 기업 제품을 구매하는 가치 소비까지, 다양한 형태로 실천됐다. 코로나19 팬데믹 이후에는 이러한 흐름이 기업의 책임을 강조하는 ESG로 확장됐다. 지금 당장 내 일상을 위해 필요해서라기보다는 더 나은 세상을 만들기 위한 '착한 소비'가 주류를 이루던 시기였다.

하지만 불과 몇 년 사이, 상황은 달라졌다. 환경 파괴로 인한 기후변화는 이제 우리 일상을 직접적으로 뒤흔들고 있다. 봄이 되면 차례로 피던 목련, 벚꽃, 개나리가 순서를 잊은 채 제멋대로 피어나고, 제철 먹거리는 가격이 훌쩍 올라 쉽게 즐기기 어려워졌다. 여름에는 37도를 웃도는 폭염이 일상이 되었고, 예측 불가능한 스콜성 폭우로 인한 침수 피해도 빈번해졌다. 삶의 질이 떨어진 것은 물론 생존까지 위협받는 상황이다. 환경은 더 이상 태평양의 바다거북이나 북극곰의 문제가 아니라 내가 매일 마주하고 체감하는 현실의 문제가 된 것이다.

기후변화는 지구를 위한 착한 소비의 차원을 넘어 지금 당장 나의 안위를 위한 생존 소비로의 전환을 만들어내고 있다. 과거의 ESG 같은 가치 소비는 필수가 아닌 선택의 영역이었기에 일상의 소비 패턴이 크게 달라지지 않았다. 가격이 비싸면 구매하지 않았고, 내 편의를 우선하기도 했다. 하지만 기후변화가 생존의 문제가 된 지금은 다르다. 엄마 전용 아이템이었던 양산이 Z세대에게도 폭염에서 살아남기 위한 '필수템'이 되었고, 쿨링 티슈나 쿨링 패드 같은 생소한 품목이 불티나게 팔린다. 주요 소비 품목이 아니었던 것들이 없으면 안 되는 '생존템'으로 단숨에 떠오른 것이다. 이처럼 기후변화는 우리 생활방식과 소비 행태를 전반적으로 바꿔놓고 있다.

꿀템이 아닌 생존템

실제 데이터에서도 소비자들의 인식 변화가 확인된다. Z세대에게 '요즘 날씨' 하면 떠오르는 이미지를 물어보자 '폭염', '폭우', '이상 기후', '롤러코스터', '혼란' 같은 극단적인 키워드가 주로 언급됐다. '사라진 사계절', '생존', '위기'라는 표현에서 알 수 있듯, 날씨 변화를 일시적인 불편이 아니라 장기적이며 생존에 영향을 미칠 위협으로 인식하고 있었다. 이런 경향은 20대뿐 아니라 50대까지 공통적으로 나타났다. 기후변화로 인해 우려되는 문제를 묻자 '극한 날씨 현상'(27.1%), '재해 위험 증가'(14.9%), '신체 건강 문제'(9.1%) 등 생존과 직결된 키워드가 언급됐다. 기후변화로 느끼는 불안이 뚜렷하게 감지된다.

대응 방향에 대한 인식 역시 달라졌다. 기후변화의 원인을 줄이기 위한 정책(45.1%)보다 이미 변화된 환경에 적응하고 피해를 줄이기 위한 정책(54.9%)이 더 중요하다고 본 것이다. 특히 20대는 64.6%가 적응이 더 중요하다고 생각하고 있었다.[30] 기후변화 자체를 막는 것도 필요하지만, 그보다 지금 당장 눈앞에 밀어닥친 혹독한 환경에 어떻게 적응하고 살아남을지가 더 절박한 문제로 떠오르고 있다.

이런 인식의 변화는 소비에서도 눈에 띄게 반영되고 있다. 이와 관련해 주목할 만한 키워드는 '생존템'이다. 과거에는 생활에 유용한 제품을 소개할 때 '꿀템', '삶의 질 상승템'이라는 키워드를 썼다.

최근 1~2년 새 날씨 하면 연상되는 이미지

· 원의 크기는 언급량에 비례함
· '제트워크 2025 시즌 2' 참여자 대상 '날씨 하면 연상되는 이미지' 트렌드 노트 조사 결과

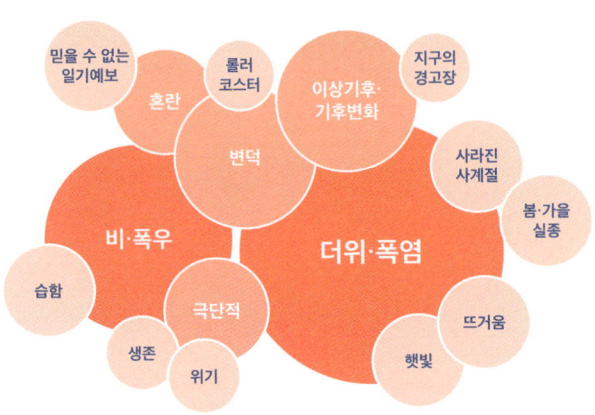

기후변화로 인해 걱정되는 분야 Top 8

■ 1순위 ■ 1+2+3+4+5순위, 그래프는 1순위 기준 내림차순 정렬이며, 응답자 유형별 값은 1+2+3+4+5순위 데이터임
[Base: 전국 17개 시도 20~59세 남녀, n=800,복수(최대 5순위), 단위: %]

구분	전체	연령			
		20대 (19~29세)	30대 (30~39세)	40대 (49~49세)	50대 (59~59세)
(Base)	(800)	(198)	(200)	(200)	(202)
극한 날씨 현상	27.1 69.3	68.7	71.0	65.5	71.8
재해 위험 증가	14.9 52.6	48.5	50.5	52.5	58.9
신체 건강 문제	9.1 50.0	48.0	48.5	49.5	54.0
경제적 부담 증가	9.1 45.9	40.4	43.5	48.0	51.5
식량 및 물 자원 문제	8.8 46.0	37.9	42.0	50.0	54.0
공기 질 악화	8.0 31.0	30.8	34.5	29.0	29.7
주거 및 생활환경 불안	7.3 35.5	35.9	34.0	39.0	33.2
정신건강 문제	4.4 30.0	31.3	31.0	27.5	30.2

· 출처: <기후변화가 쏘아 올린 인식 및 소비 트렌드 변화>, 대학내일20대연구소, 2025.08.28

여름 생존템 추천 콘텐츠_유튜브 디에디트 라이프 THE EDIT

없어도 되지만 있으면 생활의 질을 높일 수 있는 아이템이란 의미다. 특히 여름을 앞두고 SNS에 여름 추천템 콘텐츠가 많이 올라왔는데, 최근에는 '꿀템'이 아닌 '생존템'이라는 키워드를 내세운 콘텐츠가 눈에 띄게 늘고 있다. 소셜 빅데이터 분석 결과도 이를 뒷받침해준다. 키워드 '생존템' 언급량은 2025년 7월 2478건으로, 전년 동월 대비(403건) 무려 6.1배나 증가했다.[31]

관련 콘텐츠를 보면 휴대용 선풍기, 쿨링 스프레이, 쿨링 시트 등 소개하는 제품이 특별히 달라진 것은 아니다. 하지만 소비자의 마음속에서 제품들의 위상이 바뀌었다. 이제는 '있으면 좋은 꿀템' 정도가 아니라 '없으면 버틸 수 없는 생존템'으로 전환된 것이다. 심지어 올해는 3월부터 여름 필수템을 추천하는 영상이 유행하는 등 왠지 모를 절박함까지 느껴진다.

추천하는 상황 역시 달라졌다. 과거에는 여행, 축제, 페스티벌, 골프, 콘서트장 등 야외 활동이나 특별한 일정을 위한 추천템으로 주로 소개됐으나 이제는 일상 속으로 파고들었다. 예를 들어, Z세대가 꼽는 대표적인 여름 생존템인 쿨링 시트는 사람이 많은 페스티벌이나 콘서트장에서 주로 쓰였지만 이제는 출퇴근길 대중교통에서도 쿨링 시트를 붙이고 더위를 식히는 모습을 쉽게 볼 수 있다.

이처럼 생존템은 기후변화 시대, 소비가 어떻게 재편되고 있는지를 단적으로 보여준다. 더 이상 착한 소비가 아니라 지금 이 순간을 살아남기 위한 필수적인 선택이 된 것이다. 소비자의 지갑이 '가치'가 아니라 '지금 당장의 생존'에 열리고 있다.

CHAPTER 17

기후변화가 바꾸고 있는
라이프스타일

처음 기후변화를 연구 주제로 잡고 설문을 설계할 때만 해도 '이처럼 거시적이고 추상적인 개념이 과연 Z세대와 소비자에게 얼마나 와닿을까?' 하는 고민이 있었다. 그러나 이는 기우였다. 소비자들은 이미 기후변화를 일상의 문제로 체감하고 있었으며, 실제 자신의 소비와 생활방식이 달라지고 있다는 점도 받아들이고 있었다. 전국 20~50대 남녀 800명을 대상으로 조사한 결과, 기후변화가 자신의 삶 전반에 영향을 미친다고 생각하는 비율은 85.1%에 달했다. 소비에 영향을 미친다고 응답한 비율도 79.4%로 높게 나타났다. 소비에서 변화가 가장 두드러진 영역은 식품·음료(57.9%), 건강·웰빙(42.8%), 여가·취미(35.6%), 패션(29.3%), 리빙(27.1%) 순으로 우리 일상과 맞닿아 있는 FMCGFast-Moving Consumer Goods (일용소비재) 영역은 물론 생활방식 전반에서 변화가 두드러지게 나타났다.[32]

FMCG 영역의 변화

가장 먼저 눈에 띄는 것은 F&B(식품 및 음료) 분야다. 기후변화로 인한 극단적인 날씨는 사람들의 체력과 건강을 직접적으로 위협한다. 더위를 해소해주는 시원한 음식이나 기력을 보충해주는 보양식, 보관이 용이해 쉽게 상하지 않는 음식이 주목받으리라는 것은 어렵지 않게 예상할 수 있는 변화다. 중요한 것은 단순한 메뉴 선택을 넘어 식생활 패턴 자체가 전반적으로 간소하고 가벼워지고 있다는 사실이다.

실제 조사에서도 이런 변화가 뚜렷하게 감지됐다. Z세대를 대상으로 한 정성 조사 결과,[33] 식사 패턴부터 재료 선택, 구입 방식, 조리 과정에 이르기까지 에너지 소모와 부담을 최소화하려는 경향이 나타났다. 하루 끼니를 1~2끼로 줄이는 경우도 늘었고, 식재료 역시 소용량으로 구입해 보관과 뒷처리의 부담을 줄였다. 조리할 때도 열을 최대한 적게 쓰고, 빠르게 먹을 수 있는 간편식과 레시피를 선호했다. 즉, 빠르고 간단하게 한 끼를 해결하려는 경향이 뚜렷해지고 있다.

건강 트렌드와 맞물려 있던 제품들이 '기후 적응형' 소비로 다시 주목받는 것도 흥미롭다. 예를 들어, 밀가루로 된 면을 대체할 수 있어 건강을 위한 제품으로 주목받던 풀무원 두유면, 청정원 콩담백면은 불을 쓰지 않아도 되는 조리의 간편함 측면에서 소비자들의 눈길을 끌고 있다.

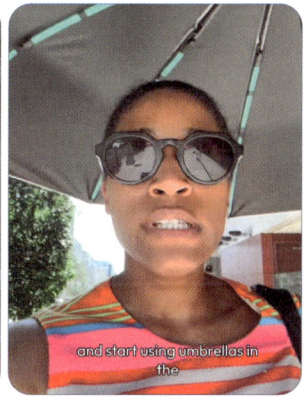

해외 틱톡 양산 사용 인증 영상_틱톡 @girlwithdrive

> "더워서 간단한 음식을 많이 먹어요. 두유면을 쓴 풀무원 30초 조리 냉면이 있는데, 밀가루를 쓰지 않아서 건강에도 좋고 면을 따로 삶을 필요도 없어요." _'제트워크 2025 시즌 2' 참여자 감자(K1118)

1인 가구의 증가와 건강을 중시하는 흐름 속에서 식생활이 간소화되는 방향으로 바뀌고 있었는데, 여기에 기후변화라는 요인이 더해지면서 그 흐름이 더욱 강화되는 모습이다.

이러한 흐름은 패션 영역에서도 선명하게 드러난다. 패션의 조건은 더울 땐 덥게 입고, 추울 땐 춥게 입는 것이라 했던가? 하지만 지금 소비자들의 선택은 기후로 인한 자극을 최소화하고 쾌적함을 유지해 부담과 스트레스를 줄이는 방향으로 기울고 있다.

대표적인 사례는 양산이다. 한때 '엄마템'으로 여겨지던 양산은 세대를 넘어 Z세대 여성의 필수템 자리를 차지한 것을 넘어서 남성과 해외 소비자까지 소비층이 확장되고 있다. 실제로 패션 플랫폼 무신사에서 남성의 '양산' 검색량(2025년 6월 1일~7월 29일)은 전년 동기 대비 무려 396% 이상 증가했다.[34] 해외에서도 폭염 생존템으로 인정받고 있다. 한때 해외 틱톡에서는 한국의 양산 문화가 '흰 피부를 위한 것'이라며 논란이 일기도 했지만, 최근엔 '한국인의 선택이 맞았다'는 반응과 함께 폭염 속 양산 사용을 인증하는 콘텐츠가 늘고 있다. 미용을 위해서가 아니라 강한 자극으로부터 피부 건강을 지키기 위한 합리적인 선택이라는 공감대가 형성된 것이다.

또한 극한의 날씨에도 쾌적함을 유지할 수 있는 기능성 소재에 대한 선호도 뚜렷해졌다. 기후변화로 인해 달라진 패션 습관을 물어본 결과, 20대는 '땀이 덜 차고 빠르게 마르는 옷'(41.4%)과 '시원한 기능성 소재의 옷'(32.8%), '편안하고 심플한 옷'(30.3%)을 선호하게 되었다는 응답이 늘어났다. 패션 제품을 구매할 때도 '통기성이 좋은지'(32.3%), '착용감이 가벼운지'(30.3%), '냉감 소재 여부'를 (24.7%)를 주로 고려했다.[35]

> "제 무더위 생존 필수템은 냉감 티셔츠예요! 더울 때 입으면 쾌적한 느낌이 들어서 좋아요. 예전에는 디자인도 별로고 무채색만 있어서 쳐다보지도 않았는데, 요즘은 선택지가 다양해져서 애용하게 됐어요." _ '제트워크 2025 시즌 2' 참여자 외국대한인(P1008)

29CM의 판매 데이터(2025년 7월 1일~28일)에 따르면, 린넨·레이온·모달·시어서커·텐셀 등 냉감 소재 의류 거래액은 전년 동기 대

뷰티업계의 핵심 키워드 '쿨링'

• 기간: 2023.01.01 ~ 2025.07.31
• 키워드: 쿨링
• 채널: 커뮤니티, 블로그, X, 인스타그램, 유튜브
• 연관어는 분석 기간(2024년 8월~2025년 7월)을 기준으로 지난 1년 대비 언급량 증가율이 높은 순으로 선별하고, 분석 기간의 언급량에 따라 내림차순한 결과임

'쿨링' 관련 언급량 추이

단위: 건

74,354

1.9배 증가

39,821

29,323

2025년 5월

80,000
70,000
60,000
50,000
40,000
30,000
20,000
10,000
0

2023. 01　2023. 07　2024. 01　2024. 07　2025. 01　2025. 07

'쿨링' 관련 연관어 순위 변화

연관어	비교 기간 순위	분석 기간 순위	순위 변화
여름철	163	33	▲130
자외선	134	41	▲93
공급	115	43	▲72
열감	93	55	▲38
예방	156	70	▲86
습관	389	77	▲312
외출	272	88	▲184
장시간	345	135	▲210
피부 장벽	388	145	▲243
루틴	769	151	▲618
피부과	207	155	▲52
섭취	415	172	▲243
노화	291	180	▲111
피부 고민	669	259	▲410
전문가	419	270	▲149

• 출처: <트렌드 리포트: Social Listening (2025년 8월호)>, 대학내일20대연구소, 2025.08.18

비 52% 증가했다.[36] 쾌적함을 유지하는지 여부가 소비자의 주요 선택 기준이 되었음을 보여준다.

뷰티업계에서도 '쿨링'이 핵심 키워드로 자리 잡았다. 소셜 빅데이터 분석 결과, 실제 최근 3년간 '쿨링'의 언급량은 꾸준히 늘어나고 있다. 2025년 5월 이미 전년도 최고점을 넘어섰으며, 7월에는 전년 동월 대비 1.9배 증가했다.

연관어 변화에서도 의미 있는 전환점이 관찰됐다. 과거 쿨링은 자외선으로 자극받은 피부를 진정시키는 일시적인 사후 케어에 가

까웠다. 그러나 최근 1년간 급상승한 연관어를 보면 '예방', '습관', '루틴' 같은 일상 관리 키워드와 '피부 장벽', '노화' 같은 피부 고민 키워드의 언급량 증가세가 두드러진다. 즉, 쿨링이 일시적인 진정 솔루션을 넘어 전반적인 피부 건강과 컨디션 관리를 위한 데일리 케어 루틴으로 확장되고 있는 것이다.

피부 열감을 낮추는 쿨링 토너 패드는 데일리 케어템으로 자리 잡았고, 스킨케어뿐만 아니라 보디·헤어 케어 제품에서도 쿨링 효과가 있는 제품을 찾는 소비자가 늘어나고 있다. 상대적으로 여름이 길어지면서 쿨링에 대한 니즈가 9~10월까지 이어지는 추세도 관찰됐다. 이 같은 현상들은 쿨링이 계절성 수요가 아니라 사계절 라이프스타일 케어로 발전할 가능성을 보여준다.

소비자들은 일상 전반에서 달라지는 기후에 전략적으로 대응하고 있다. 식생활에서는 소용량이나 조리가 간편한 제품을 택해 부담을 최소화하고, 패션에서는 기능성 소재와 아이템으로 쾌적함을 확보한다. 뷰티에서는 일상적 관리로 자극을 예방한다. 단순히 불편함을 해소하는 것을 넘어 생활 패턴과 소비 기준을 적극적으로 바꾸며 기후변화로 인한 신체적·정서적 스트레스를 최소화하려는 모습이다.

▼

주거 공간의 변화 : 정서를 관리하다

기후변화는 외부 생활에만 영향을 미치는 것이 아니다. 주거 환경 역시 빠르게 바꾸고 있다. 특히 쾌적한 실내 환경을 만들고 유지하기 위한 투자가 늘어나고 있다.

우선 가전 제품 이용 행태의 변화가 두드러진다. 과거에는 특정 시간에만 에어컨을 가동시켜도 충분했지만, 37도를 웃도는 폭염과 길어진 열대야 앞에서 일시적인 사용만으로는 버티기 힘들어졌다. 이제는 에어컨을 끄지 않고 24시간 가동해 쾌적한 실내 환경을 유지하려는 모습이 관찰된다. 이에 따라 전기세를 절약하기 위해 효율적인 사용법을 찾기도 하고, 절전형(인버터) 에어컨으로 교체하기도 한다. 에어컨의 성능을 높이는 보조도구를 사용하는 데도 적극적이다. 예를 들어, 에어컨을 켤 때 암막커튼으로 햇볕을 차단하거나 서큘레이터로 공기를 순환시켜 보조하는 식이다.

습도 관리에 대한 니즈도 높다. 기후변화가 심각해지면서 향후 구매를 고려하는 가전 제품을 물었을 때, 선풍기에 이어 제습기(25.9%)가 2위를 차지했다.[37] 요즘 날씨는 봄과 가을에도 습도가 높다. 마치 물속에 잠겨 있는 듯한 기분이 들 정도로 높은 습도는 불쾌지수를 상승시키고 삶의 질을 떨어뜨리는 주요 요인으로 꼽히고 있다. 온도 조절만큼이나 습도 관리가 중요해지면서 제습기를 상시 가동해 집 안의 환경을 쾌적하게 유지하는 모습을 쉽게 볼 수 있다. 이런 니즈에 맞춰 집안 환경을 지속적으로 관리할 수 있는 제품들이 특히 주목받고 있다. 경동나비엔이 최근 출시한 공기청정기는 제습 기능을 추가했는데, 열을 내뿜으며 주변 온도를 높이는 기존 제습기와 달리 사계절 제습이 가능하다는 특징이 있다. 또한 휴젠뜨의 경우 욕실 환풍 및 제습을 동시에 할 수 있는 욕실 전용 제습 가전을 선보이며 쾌적한 공간을 조성할 수 있다고 소구했다.

리빙업계에서 주목받는 '냉감'

- 기간: 2023.01.01 ~ 2025.07.31(연도별 동기간 비교)
- 키워드: 냉감
- 채널: 커뮤니티, 블로그, X, 인스타그램, 유튜브

'냉감' 관련 언급량 추이(1~7월 언급량 총합 비교)

'냉감' 관련 언급량 월별 추이 비교

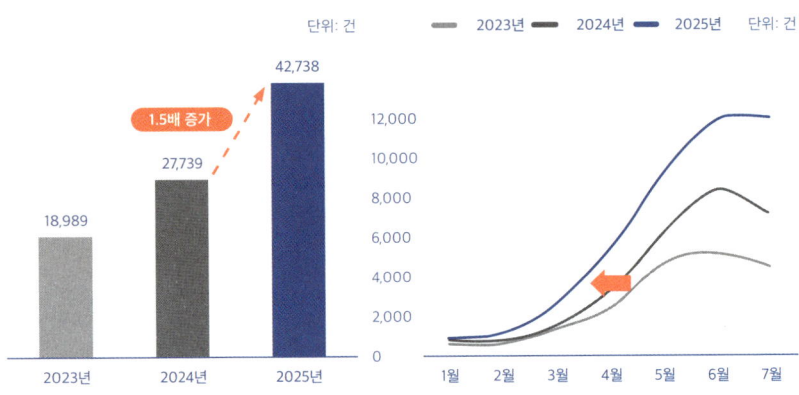

- 출처: <기후변화가 쏘아 올린 인식 및 소비 트렌드 변화>, 대학내일20대연구소, 2025.08.28

'냉감'과 함께 언급되고 있는 주요 키워드 변화

- 기간: 2024.08.01~2025.07.31
- 키워드: 냉감
- 채널: 커뮤니티, 블로그, X, 인스타그램, 유튜브
- 연관어는 분석 기간(2024년 8월~2025년 7월)을 기준으로 지난 1년 대비 언급량 증가율이 높은 순으로 선별하고, 분석 기간의 언급량에 따라 내림차순한 결과임

단위: 건, %

연관어	언급량	증가율	연관어	언급량	증가율
수면	7,119	98.4	커튼	1,054	155.2
휴식	2,502	98.4	패브릭	979	147.2
체질	2,180	119.8	루틴	952	NEW
쇼파	2,009	334.8	스프레이	765	NEW
피부 자극	1,768	134.5	물티슈	665	NEW
실용성	1,599	NEW	초경량	652	NEW
반려동물	1,462	146.1	홈웨어	645	NEW
체감	1,336	NEW	파자마	629	NEW
러닝	1,317	99.8	텐셀	561	NEW
휴대용	1,234	189.0	일상복	558	NEW

- 출처: <트렌드 리포트: Social Listening (2025년 8월호)>, 대학내일20대연구소, 2025.08.18

앞서 뷰티업계의 핵심 키워드가 '쿨링'이었다면, 리빙업계에서는 '냉감' 키워드가 부상하고 있다. 2025년 1~7월 '냉감' 언급량은 4만 3000건으로 전년(2만 8000건) 대비 1.5배 증가했다. 월별 추이를 살펴보면, 단순히 언급량이 늘어나는 데 그치지 않고 관심이 시작되는 시점 자체가 5월에서 3월로 당겨진 것을 확인할 수 있다. 여름이 빨라지고 길어지면서 일찍부터 냉감 리빙템을 찾게 된 것이다.

전년 대비 언급량이 급증한 키워드를 보면 '수면', '휴식', '패브릭', '홈웨어', '파자마' 같은 키워드가 두드러진다. 시원함이 유지되는 냉감 소재의 리빙템을 활용해 쾌적한 실내 환경을 조성하고 수면과 휴식의 질을 높이고자 하는 소비자의 니즈가 반영된 결과다.

> "보통 이불을 덮으면 자다가 체온을 머금고 이불 자체의 온도가 올라가서 자주 깨곤 해요. 그래서 자체적으로 시원함을 유지하는 냉감 이불을 찾게 됐어요." _'제트워크 2025 시즌 2' 참여자 유니(B1305)

이런 소비 흐름은 단순한 물리적인 온도 조절을 넘어 감정 관리와도 연결되고 있다. 혹독한 기후는 신체적 피로뿐만 아니라 감정에도 직접적인 영향을 미친다. 열대야로 인한 수면 부족, 고온다습한 환경은 불쾌지수를 가중시키며 짜증, 무기력, 스트레스로 이어진다. 이는 결국 삶의 질 전반을 저하시킨다. 그렇기 때문에 소비자들은 가전과 리빙 아이템에 적극적으로 투자하며 신체적·정서적 안정을 뒷받침할 환경을 구축하고 있다. 리빙 제품이 단순한 인테리어 소품을 넘어 '정서 관리 장치'로 기능하게 된 배경이다.

기후변화에 적응하는 것은 인간만의 과제가 아니다. 또 다른 가족인 반려동물 케어에서 같은 흐름이 나타나고 있다. 앞서 살펴본 냉감 연관어 분석에서 '반려동물'이 상위에 등장했다. 동물은 사람보다 기후변화에 더 민감하게 반응하기에 보호자들은 더욱 세심하게 돌보려고 노력한다. 반려동물의 체온을 유지하기 위해 냉감 아이템을 구비하고, 컨디션 저하를 막을 간식을 사들인다. 집을 비울 때는 에어컨을 펫 케어 모드로 가동해 실내 온도를 적정하게 유지한다. 산책도 폭염을 피해 밤에 나가는 경우가 많은데, 그에 맞춰 각종 안전 장치를 챙기기도 한다. 사람뿐만 아니라 동물을 위한 기후 적응 케어 시장이 커지고 있는 모습이다.

▼

기후 적응의 의미

지금까지 기후변화가 우리 일상을 어떻게 바꾸고 있는지 살펴봤

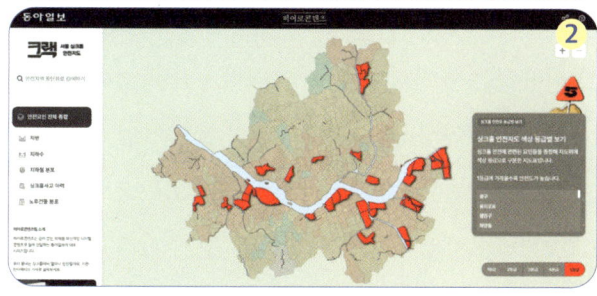

❶ 해수면 상승 시뮬레이터로 확인해본 2050년 침수 피해 예상 지역_Climate Central
❷ 동아일보 <히어로 콘텐츠>에서 제공하는 서울 싱크홀 안전지도_동아일보 히어로 콘텐츠

다. 일상의 작은 소비 습관부터 주거 환경에 이르기까지 생활방식 전반이 빠르게 재편되고 있음을 알 수 있다. 여기서 기억해야 할 것은 기후변화가 단순히 여름의 폭염이나 겨울의 혹한처럼 특정 계절의 일시적인 불편에 국한되지 않는다는 점이다. 말 그대로 우리가 살아가는 환경 자체가 변하고 있다. 계절의 구분이 사라지고, 열대·아열대성 기후 현상이 일상화되면서 먹거리부터 생활 패턴, 주거 환경, 일자리, 가치관까지 전방위적으로 영향을 미치고 있다. 기

후변화는 우리의 라이프스타일 자체를 바꾸어놓을 거대한 시대의 전환이다.

이 흐름은 이제야 우리의 일상에서 가시화되기 시작했다. 앞으로는 산업 구조와 경제, 부동산 가치 등 사회 전반에서 중요하게 생각하는 가치까지도 재편될 것으로 보인다. 이미 주거지를 선택하는 데서 기후 안정성을 고려하는 변화의 조짐이 보이고 있다. 폭우로 인한 침수, 지반 약화로 인한 싱크홀의 위험이 커지면서 주거지를 정할 때 해수면 지도나 싱크홀 고위험 지역을 확인하는 것이다. Z세대가 주로 사용하는 앱인 X를 보면, 자취방을 구하거나 청약을 넣을 때 이런 정보를 확인하라는 것이 하나의 꿀팁처럼 공유되고 있다. 지금은 한강뷰, 오션뷰 등 전망이 좋은 주거지가 선망의 대상으로 꼽히고 있지만, 머지않아 이런 지역들이 주거 기피 지역으로 전환될 수도 있다. 즉, 주거지 선택이나 부동산 가격이 기후 안정성에 따라 결정될지도 모른다.

일상 생활부터 주거지의 변화까지 소비자의 기후 대응 노력을 관통하는 키워드는 결국 '감정'이다. 단순히 신체적인 불편함을 해소하는 것이 아니라, 이로 인해 발생하는 불안과 스트레스 같은 정서적인 문제까지 해결하고자 한다. 즉, 식생활, 패션·뷰티, 주거 환경, 주거지 선택까지 기후변화에 적응하기 위한 모든 선택은 신체와 더불어 마음을 지키기 위한 노력인 것이다.

기후변화가 불안과 스트레스를 극대화하는 지금의 현실에서 브랜드가 제안하는 기후 적응 솔루션은 소비자의 불편을 해소하는 데 그치지 않는다. 소비자들은 기후에 적응하도록 돕는 아이템을 없어서는 안 될 생존템이라며 강한 애착을 보이는 등 감정이나 정서적인 케어에까지 연결되고 있다. 즉, 장기적으로 보면 브랜드와 정서적인 연결이 강화될 가능성이 높다. 달라지는 기후 속에서 소비자들의 기후 적응을 돕는 브랜드와 기업은 앞으로도 더욱 주목받을 것이다.

17번째 책이
무사히 나왔습니다

장마 끝에 집필을 시작했습니다. 매미 소리가 잦아들 무렵 첫 탈고를 마치고, 귀뚜라미 소리가 밤 공기를 가득 채울 무렵 완전한 탈고를 해냈습니다. 이렇게 올 여름도 무사히 끝난 데 그저 감사한 마음입니다.

사실 대학내일20대연구소의 여름은 연중 내내 지속되는 것이나 다름없습니다. 우리의 연구는 1년 내내 쉬지 않기 때문입니다. 꾸준한 연구의 결과물이 텍스트 형태로 책에 담기는 것뿐입니다. 늘 진정성 있게 세대 연구와 트렌드 연구에 몰입해주는 대학내일20대연구소 구성원 여러분, 감사합니다.

실시간으로 자신들의 일상과 생각을 전해준 900여 명의 제트워크 시즌 16, 2025 시즌 1, 2025 시즌 2 참여자 여러분, 365일 물심양면 든든한 지원군이 되어주는 대학내일ES 구성원 여러분, 그리고 최고의 파트너 위즈덤하우스, 진심으로 감사드립니다.

1 〈[데이터] 관계·커뮤니케이션 정기조사 2025〉, 대학내일20대연구소, 2025.02.28

2 〈[데이터] 가치관 정기조사 2025〉, 대학내일20대연구소, 2025.05.14

3 "성욕 저하까지?"… 스트레스 호르몬 '코르티솔' 과다 신호 10가지, 〈하이닥〉, 2025.09.09

4 대한수면연구학회 '2025 세계 수면의 날' 심포지엄 개최, 〈메디포뉴스〉, 2025.03.04

5 '제트워크 2025 시즌 2' 참여자 대상 'Z세대 콘텐츠&여가 트렌드 워크숍', 대학내일 20대연구소, 2025.07.17~18

6 〈2025년 상반기 한국 영화산업 결산 보고서〉, 영화진흥위원회, 2025.07.31

7 지금 우리 웹툰은…이용 시간 1년 새 11.2% 급감, 〈한국경제〉, 2024.06.14

8 KT그룹이 운영하는 공식 대학생 대외활동 프로그램 'Y퓨처리스트'와 함께 진행한 트렌드 워크숍 프로그램

9 '제트워크 2025 시즌 2' 참여자 대상 'Z세대 여가 트렌드 워크숍', 대학내일20대연구소, 2025.07.18

10 "[경기미 김밥 페스타] 전국 김밥 고수들 한자리에… 8천 관람객 입맛 사로잡았다", 〈중부일보〉, 2025.06.22

11 〈트렌드 리포트: Social Listening (2025년 8월호)〉, 대학내일20대연구소, 2025.08.18., 2025년 언급량은 1~7월 데이터를 기준으로 20만 7453건이며, 35만 5632건은 해당 기간의 월평균을 토대로 산출한 연간 추정치임

12 "영화도 보고 뜨개질도 하고…CGV, '뜨개 상영회' 정기 진행", 〈CJ NEWSROOM〉, 2025.02.26

13 인스타그램 성수희희마트 @heehee_mart, 2025.01.09

14 〈트렌드 리포트: Social Listening (2025년 3월호)〉, 대학내일20대연구소, 2025.03.31

15 "여름엔 키링도 '노릇노릇'…태닝 인형 아시나요? [언박싱]", 〈헤럴드경제〉, 2025.07.27

16 "케데헌부터 제철 마케팅까지! 물 들어올 때 노 잘 젓는 브랜드 6", 〈캐릿〉, 2025.07.28

17 "서울시 '힙독클럽' 모집 두 시간 만에 정원마감…81.5%가 MZ세대", 〈뉴스1〉, 2025.04.03

18 "제트워크 2025 시즌 2' 참여자 대상 '일상을 기록하는 방법' 조사, 대학내일20대 연구소, 2025.08.04

19 [공지] '대신 찍어온나', 네이버 블로그 빙빙, 2024.11.23

20 ""적지만 쏠쏠하니 만족해요"…청년들이 푹 빠졌다는 '초단기 적금'", 〈매일경제〉, 2025.06.19

21 〈트렌드 리포트: Social Listening (2025년 7월호)〉, 대학내일20대연구소, 2025.07.21

22 AI 기반 빅데이터 분석 전문 기업 뉴엔 AI LUCY 2.0 기반 자체 검색

23 "파우치에 쏙…에이블리, '쁘띠 뷰티' 열풍에 소용량 화장품 거래액 3배↑", 〈지디넷 코리아〉, 2025.05.22

24 〈소셜 빅데이터로 본 저소비 코어 트렌드〉, 대학내일20대연구소, 2025.04.25

25 〈Z세대의 생성형 AI 활용 보고서〉, 대학내일20대연구소, 2025.06.20

26 〈트렌드 리포트: Social Listening (2025년 4월호)〉, 대학내일20대연구소, 2025.04.28

27 〈2534 1인 가구 홈라이프 탐구 보고서〉, 대학내일20대연구소, 2025.03.31

28 〈2534 1인 가구 홈라이프 탐구 보고서〉, 대학내일20대연구소, 2025.03.31

29 "방 셋에 화장실 둘… '21평' 아파트입니다", 〈조선일보〉, 2025.01.23

30 〈기후변화가 쏘아 올린 인식 및 소비 트렌드 변화〉, 대학내일20대연구소, 2025.08.28

31 〈기후변화가 쏘아 올린 인식 및 소비 트렌드 변화〉, 대학내일20대연구소, 2025.08.28

32 〈기후변화가 쏘아 올린 인식 및 소비 트렌드 변화〉, 대학내일20대연구소, 2025.08.28

33 〈기후변화가 쏘아 올린 인식 및 소비 트렌드 변화〉, 대학내일20대연구소, 2025.08.28

34 ""남자가 양산 쓰고 다니면 꼴불견이라고?"…살인 폭염 앞에서 일상 풍경 됐다", 〈매일경제〉, 2025.08.03

35 〈기후변화가 쏘아 올린 인식 및 소비 트렌드 변화〉, 대학내일20대연구소,

2025.08.28

36 ""폭염에 시원한 냉감의류 수요 52% ↑"… 29CM, 냉감 소재 패션 기획전", 〈일간
스포츠〉, 2025.08.04

37 〈기후변화가 쏘아 올린 인식 및 소비 트렌드 변화〉, 대학내일20대연구소,
2025.08.28

1 긍정적 사고로 시대의 불안을 다루는 Z세대를 정의한 키워드로 《Z세대 트렌드 2025》에서 소개한 개념

2 '추구하다'와 '미美'의 합성어로 좋아하거나 닮고 싶은 분위기나 감성을 설명할 때 사용함

3 '디지털Digital'에 '해독하다'라는 의미의 '디톡스Detox'를 결합한 용어로, 스마트폰 등의 디지털 기기를 잠시 멀리하고 다른 활동을 하면서 지친 심신을 회복하는 행위를 뜻함

4 책 같은 텍스트 콘텐츠를 힙하다고 생각하는 Z세대의 문화를 의미하는 말로 대학내일의 트렌드 미디어 〈캐릿〉에서 정의한 개념

5 애플의 '아이팟Ipod'과 '방송Broadcasting'을 결합해 만든 신조어로, 디지털 파일 형태의 개인 방송을 다운로드해서 들을 수 있도록 한 프로그램 서비스를 뜻함. 현재는 애플 외에도 다양한 플랫폼에서 콘텐츠를 제공하고 있음

6 오감을 만족시키는 오프라인 경험을 추구하는 MZ세대의 특성을 정의한 키워드로 《트렌드 MZ 2019》에서 소개한 개념

7 '직접 촬영한 영상Cam'의 줄임말로, 주로 팬들이 연예인 무대나 행사 등을 직접 촬영한 영상을 뜻함

8 '홈페이지 마스터'의 줄임말로, 개인 홈페이지나 SNS에 전문적으로 연예인의 고화질 사진을 촬영해 업로드하는 사람을 뜻함

9 '오픈Open'과 '런Run'의 합성어로, 개장과 동시에 경쟁하듯 달려가서 바로 입장하거나 구매를 시도하는 행위를 의미함

10 익숙한 공간에서 색다른 체험을 동시다발적으로 즐기는 것은 선호하는 Z세대의 공간 소비 트렌드를 의미하는 키워드로 대학내일 트렌드 미디어 〈캐릿〉에서 정의한 개념

11 2025년 5월 미국의 벤처 캐피털인 세콰이어 캐피털Sequoia Capital이 주최한 AI 컨퍼런스로, AI 산업이 이끄는 거대한 성장 기회와 미래에 대한 비전을 논의함

《Z세대 트렌드 2026》 집필진

원고를 직접 집필하거나 집필 과정에 참여하신 분들입니다.

- 이재훈 대학내일20대연구소 책임연구원 (집필책임)
- 호영성 대학내일20대연구소 소장
- 김혜리 대학내일20대연구소 파트장
- 김성욱 대학내일20대연구소 매니저
- 문다정 대학내일20대연구소 선임연구원
- 신효원 대학내일20대연구소 연구원
- 정채현 대학내일20대연구소 연구원
- 황우람 대학내일20대연구소 연구원
- 함지윤 대학내일20대연구소 선임연구원
- 박지원 대학내일20대연구소 매니저
- 장지성 대학내일20대연구소 선임연구원
- 송혜윤 대학내일20대연구소 선임연구원
- 이은재 대학내일20대연구소 파트장
- 김다희 대학내일20대연구소 선임매니저
- 지승현 대학내일20대연구소 선임연구원
- 김유라 대학내일20대연구소 연구원
- 조유진 대학내일20대연구소 인턴
- 김예은 대학내일20대연구소 인턴

제트워크 시즌 16, 2025 시즌 1, 2025 시즌 2

대학내일20대연구소에서 운영하는 제일 트렌디한 Z세대 커뮤니티 '제트워크'에 참여하여 실시간으로 Z세대의 의견과 일상을 전하는 서포터즈가 되어주신 분들입니다.

메타센싱, 시대의 결핍을 채우는 예리한 감각

Z세대 트렌드 2026

초판 1쇄 인쇄 2025년 10월 14일
초판 1쇄 발행 2025년 10월 29일

지은이 대학내일20대연구소
펴낸이 최순영

출판2 본부장 박태근
경제경영 팀장 류혜정
편집 임경은
디자인 김태수

펴낸곳 ㈜위즈덤하우스 **출판등록** 2000년 5월 23일 제13-1071호
주소 서울특별시 마포구 양화로 19 합정오피스빌딩 17층
전화 02) 2179-5600 **홈페이지** www.wisdomhouse.co.kr

ⓒ 대학내일20대연구소, 2025

ISBN 979-11-7171-512-1 03320